U0141963

林烱陽教授論學集

林 烱 陽 著

文 史 哲 學 集 成
文史哲出版社印行

國家圖書館出版品預行編目資料

林炯陽教授論學集/ 林炯陽著. -- 初版. -- 臺北市：
  文史哲,民 89
    面；　公分. -- (文史哲學集成 ；428)
  ISBN 957-549-285-4 (平裝)

  1.聲韻 - 論文,講詞等

802.24   89004739

文 史 哲 學 集 成 ㊺

林炯陽教授論學集

著　　　者：林　　炯　　陽
出 版 者：文 史 哲 出 版 社
登記證字號：行政院新聞局版臺業字五三三七號
發 行 人：彭　　正　　雄
發 行 所：文 史 哲 出 版 社
印 刷 者：文 史 哲 出 版 社
　　　臺北市羅斯福路一段七十二巷四號
　　　郵政劃撥帳號：一六一八〇一七五
　　　電話 886-2-23511028・傳眞 886-2-23965656

實價新臺幣三四〇元

中 華 民 國 八 十 九 年 四 月 初 版

林炯陽教授論學集序

　　炯陽初以新詩創作，馳名雙溪，基隆煙雨，草嶺晴雲，供其醞釀，令其揮撇，並世英髦，同心摯友，相互馳騁，各寫心期，固當時盛況，黌宮美談也。余亦以是時執教上庠，炯陽從余受聲韻學，君當弱冠，雙目炯炯，英氣內斂，書法雋秀，洵濁世佳士，屈指以算，蓋民國四十九年，迄今已過半世紀，而炯陽棄世，旋又期年，師弟深情，亦難以已也。

　　世人或以為怪，新詩作者，何以後卻轉研聲韻，二者似格格之不入也。炯陽久事新詩創作，乃深體悟，詩緣情生，情發於聲，聲以成文，交織為音。無論古今，所謂詩者，除意境圓融，辭采絢爛外，猶宜音隨情變，聲韻鏗鏘，始足以感人心絃，澡刷精神。惟有深識創造之艱辛，方能體會音律之嚴密。詩聖杜甫嘗云：「老去漸知詩律細。」炯陽實有以似之也。

　　炯陽在師大國文研究所，碩士論文為《魏晉詩韻考》，博士論文為《廣韻音切探源》，二者皆在余指導下完成，炯陽亦因此而獲國家文學博士，旋受聘為東吳大學中文系教授兼主任與所長，前後八載，主持系務，培養學術人才，課餘之暇，復孜孜研究，勤於寫作，發表於世，就正海內外方家，深受好評。惟所發表者散於各處，搜集為難，炯陽同門學友林君慶勳，門下弟子李昱穎、顏靜馨等，或追懷舊誼，或感念師恩，乃將炯陽生前論文，無論發表與否，概行收集，彙為此編，編輯既成，問序於余。余聞

退之有言:「莫爲之先,人莫之知;莫爲之後,人莫之傳。」炯陽
既善爲人先,而昱穎、靜馨亦可謂善爲人後矣。余嘉其善,故治
請文史哲出版社彭正雄先生,爲之出版,既嘉慶勳弟不忘故友之
善意,諸生尊師愛師之美德,亦所以用告慰炯陽弟於九泉者矣。
中華民國八十九年二月五日夏正庚辰新年正旦陳新雄序於臺北市
鍥不舍齋

林炯陽教授論學集

目　　　次

切韻系韻書反切異文形成的
原因及其價值

壹　前言

隋陸法言編撰的《切韻》，到了唐代成爲標準韻書，非常盛行。《切韻》以注音爲主，收字不多，字訓極少。唐人爲了實際的需要，於是就加以增訂，或增訓加字、或刊正訛誤、或移改韻次、或分韻加細，作者很多。一直到了宋代陳彭年等重修《廣韻》，乃刊爲定本。《切韻》的增修本，大抵因承《切韻》，在語音系統上沒有太大的變動，因此從《切韻》到《廣韻》，屬於這一系列的韻書，我們可以總稱《切韻》系韻書。

《切韻》及唐人的增修本，後來爲《廣韻》所替代，逐漸散佚無存。從清末以來，才陸續有所發現。種類很多，據周祖謨先生《唐五代韻書集存》所考，有陸法言《切韻》傳寫本、箋注本《切韻》、增訓加字本《切韻》、王仁昫《刊謬補缺切韻》、《唐韻》寫本、五代本《切韻》等[1]。

《切韻》歷經唐宋人修訂，因此《切韻》諸本的音切互有異同，我們若能明瞭其異同的原因，對於研究中古音，很有幫助。

貳　切韻系韻書反切異文形成的原因

《切韻》系韻書的反切用字，有的相同，有的不同。字形不同的，就形成所謂的異文。這些異文，有的是抄寫者避諱、俗寫、筆誤所造成的；有的只是反切用字上的不同，聲韻沒有差異；而有些就牽涉到讀音的問題。茲分析如下：

一　同音替代

---

[1] 見周祖謨《唐五代韻書集存》，北京，中華書局，1983年7月第一版。

　　這是反切用字雖然不同，而聲韻仍無差異。例如：

　　東韻戎字，《切二》而隆反，《王三》、《王二》俱作如隆反；又冬韻賨字，《切二》、《王三》、《王二》俱作在宗反，《P2018》、《廣韻》藏宗切。此皆上字字異音同。

　　東韻弓字，《切二》、《王三》、《王二》俱作居隆反，《廣韻》居戎切；咍韻臺字，《P3695》、《王一》、《王三》、《廣韻》俱作徒哀反（切），《切三》作徒來反。此皆下字字異音同。

　　東韻馮字，《切二》、《王三》、《王二》俱作扶隆反，《廣韻》房戎切；脂韻錐字，《P3696》、《切三》、《王二》、《廣韻》俱作職追反（切），《切二》止椎反。此皆上下字皆異而音同。

　　此類反切異文最多，不再多舉。

二　俗寫多體

　　反切異文，有些是俗寫所造成的。例如：

　　御韻恕字，《唐韻》啇署反，《廣韻》啇署切，啇即商字俗寫。

　　沒韻卒字，《唐韻》臧沒反，《廣韻》臧沒切，臧即臧字俗寫。

　　末韻妹字，《切三》、《P3694》、《王一》、《王三》俱作姊末反，《廣韻》作姊末切，姊即娣字俗寫。

　　狎韻胛字，《土二》杜甲反，《P2014》壯甲反。壯即壯字俗寫，杜即壯字俗訛。

　　潘師石禪《敦煌俗字譜·序》曰：「考現存敦煌卷子，乃六朝迄五代寫本。其時雕版未興，書皆手寫。值隸變之後，繼以楷變，鈔寫文字，無定體可循，故滿紙訛俗，幾至不可卒讀。」[2]所以反切異文之校勘，宜留意俗體。

三　避諱改字

　　反切異文中，有避諱而改字者。

---

[2] 潘重規《敦煌俗字譜》，臺北，石門圖書公司，民國六十七年(1978)八月初版。

　　有避唐太宗諱，改「民」爲「彌」或「名」者，例如：

　　上聲紙韻�”字，《切三》、《王二》俱作民婢反，《王一》、《王三》改作彌婢反。

　　入聲質韻蜜字，《切三》、《王二》俱作民必反，《王一》改作名必反，《王三》改作彌畢反。

　　有避唐高宗諱，改「治」爲「直」或「持」者，例如：

　　平聲鍾韻重字，《P3696》、《切二》俱作治容反，《王三》、《王二》改作直容反。

　　平聲之韻輜字，《切三》、《切二》、《王二》俱作楚治反，《王三》改作楚持反。

　　上聲獮韻篆字，《切三》、《P3693》俱作治兗反，《王三》改作持兗反。

　　上聲小韻肇字，《切三》、《P3693》俱作治小反，《王三》改作直小反。

　　去聲用韻重字，《P3693》、《王二》俱作治用反，《王二》改作持用反。

　　去聲御韻筯字，《王二》作治據反，《王三》改作直據反。

　　有避唐中宗諱，改「顯」爲「繭」或「典」者，例如：

　　上聲銑韻典字，《切一》、《切三》俱作多顯反，《王三》改作多繭反。殄字，《切三》作徒顯反，《王一》、《王三》改作徒典反。峴字，《切三》胡顯反，《王三》改作胡繭反。編字，《切三》方顯反，《王一》、《王三》改作方繭反。辮字，《切三》薄顯反，《王三》改作薄典反。

　　有避唐睿宗諱，改「旦」爲「旰」或「案」者，例如：

　　去聲翰韻翰字，《S6176》、《王一》、《王三》《王二》俱作胡旦反，《唐韻》改作侯旰反。按字，《S6176》、《王一》、《王三》、《王二》俱作烏旦反，《唐韻》改作烏旰（原誤作肝）反。憚字，《王一》、《王三》、《王二》俱作古旦反，《唐韻》改作古案反。岸

字,《S6176》、《王三》、《王二》俱作五旦反,《王一》吾旦反,《唐韻》改作五旰反。侃字,《王一》、《王三》、《王二》俱作苦旦反,《唐韻》改作苦旰反。爛字,《王一》作「　」旦反,《王三》、《王二》俱作盧旦反,《唐韻》改作郎旰反。攤字,《王一》、《王三》俱作奴旦反,《唐韻》改作奴案反。粲字,《S6176》、《王一》、《王三》俱作倉旦反,《王一》七旦反,《唐韻》改作倉案反。繖字,《S6176》、《王一》、《王三》、《王二》俱作蘇旦反,《唐韻》改作蘇旰反。讚字,《王二》則旦反,《唐韻》改作則旰反。

　　凡此避諱改字之例,對於韻書成書年代之考證,大有幫助。

四　形近誤寫

　　《切韻》系韻書的反切,有些是形近而誤,遂成異文。例如:

　　平聲脂韻尸字,《P3696》作武脂反,《切三》、《王三》、《王二》俱作式脂反,武字即式字之誤。

　　平聲齊韻齊字,《切三》作俱嵇反,《P3695》、《王一》、《王三》俱作徂嵇反,俱字即徂字之誤。

　　上聲語韻汝字,《切三》作知與反,《王一》、《王三》、《王二》、《P5531》俱作如與反,知字即如字之誤。

　　上聲麌韻窶字,《王一》作虞知反,《王三》、《王二》俱作虞矩反,知字即矩字之誤。又本韻撫字,《切三》作字武反,《王一》、《王三》俱作孚武反,字字即孚字之誤。

　　去聲遇韻驅字,《王三》、《王二》俱作主遇反,《唐韻》作𪾢遇反,𪾢字即匡字俗書,主字即𪾢字之誤。

　　去聲霽韻麗字,《王三》作魚帝反,《P3696》、《王一》、《王二》俱作魯帝反。魚字即魯字之誤。

　　入聲覺韻斲字,《王一》作子角反,《切三》、《王三》、《王二》俱作丁角反,子字即丁字之誤。

　　入聲鎋韻鵽字,《唐韻》作丁乱反,《切三》、《王一》、《王三》、《王二》俱作丁刮反,乱字即刮字之誤。

五　音讀差異

《切韻》系韻書的反切異文，有些就牽涉到讀音問題；有的是上字字異音異、有的是下字字異音異。

（一）上字字異音異

紐字	韻目	反　　　切	上字聲類之異
包	平肴	布交切三、王一、王三、廣步交P2014	幫並
胝	平脂	陟夷切二、丁私切三、王三、王二丁尼廣	知端
長	上養	中兩王一、王三知丈廣丁丈王二	知端
戇	去絳	陟降廣、丁降P3696、王三、王二	知端
罩	去效	知教王二丁教王三都校王三都教唐、TⅡD1、廣	知端
鮎	去陷	陟陷廣都陷P3694、王一、王二、唐	知端
蛇	去禡	除駕唐、廣徒嫁王一、王三	澄定
搙	平皆	女皆P2015諾皆切三、王三、廣	娘泥
奻	平刪	女還切三、王三奴還廣	娘泥
嘫	平山	女閑切三、廣奴閑王三	娘泥
赧	上潸	女板P2014奴板切一、王三、廣怒板切三、王一	娘泥
女	去御	娘舉王三尼據唐、廣乃據王二	娘泥
羺	平侯	奴溝王一、王三奴鉤廣女溝切三、王二	泥娘
玃	入藥	居縛王三、王二、廣钁縛唐	見群
頠	上賄	五罪切三、王一、王三、王二、廣呼罪P5531	疑曉
租	平模	則胡P3695、王三、DX1466則吾切三、廣側胡王一	精莊
祖	上姥	則古切三、王三、廣側古王二	精莊
竈	去号	則到S6176、王一、王三、唐、廣側到王二	精莊
挫	去過	則臥S6176、唐、廣側臥王一、王二	精莊
毳	去祭	此芮P3696、王一、王三、王二、廣昌芮唐	清穿
賨	平冬	在宗切二、王三、王二藏宗P2018、祖宗P2014、P2015	從精
粗	上姥	徂古切三、王一、王三、廣似古王二	從邪
薺	上薺	徂禮切三、王三、廣徐禮王二	從邪

占	去豔	支豔_{王一、王三}章豔_唐、將豔_{P3694、王二}_廣	照精
執	入緝	之入_{P3799、王三、唐、廣}之十_{王二}側什_{切三}	照莊
啜	入薛	樹雪_{切三、王一、王二}殊雪_{唐、廣}常悅_{P5531}處雪_{王三}	禪穿
甚	上寑	植枕_{P3693、王一}常枕_廣食枕_{王三}	禪神
葰	上馬	沙瓦_廣蘇寡_{王一、王三}	疏心
雲	平文	戶分_{切三}王分_{王三、廣}	匣爲
越	入月	戶伐_{切三}王伐_{P3694、王三、王二、唐、廣}	匣爲

　　從上面的例子來看，反切上字字異音異的原因，一是古音之遺，一是方言影響。

　　古音舌頭舌上無別，齒頭與照系二等不分[3]，上舉以端母字切知母字，以定母字切澄母字，以泥母字切娘母字，以娘母字切泥母字，以莊母字切精母字，以心母字切疏母字，皆是古音之遺。至於爲匣二母，古音也是不分，而《切韻》爲匣二母，是分是合，至今尚有爭論。因此《切三》以戶分切雲，以戶伐切越，可能是古音之遺，也可能是編寫者的讀音，爲母和匣母不分。

　　顏之推在《顏氏家訓‧音辭篇》中，曾論及南北語音之異同，將顏氏所言拿來和上舉之例比較，可以發現有的是受方言的影響而形成的（詳本文第參節。）

（二）下字字異音異

　　1.被切字爲脣音開口，反切下字或爲開口，或爲合口。茲舉例如下：

例字	聲	韻目[4]	等呼	反切下字開口	反切下字合口
邊	幫	平先	四開[5]	布千_{P2014}	布玄_{切三、王一、王三、廣}

---

[3]　參見陳師新雄《古音學發微》頁1142及頁1187。臺北，文史哲出版社，1975年。

[4]　此用《廣韻》韻目。

[5]　等呼名稱，據李榮所定者。見《切韻音系》，頁4。臺北，鼎文書局，民國六十二年(1973)十月初版(翻印本)。

兵	幫	平庚	子開	甫明廣	甫榮切三補榮王三、王二
版	幫	上潸	二開	布阪P2014	布綰切一、切三、王三、廣
辦	並	上銑	四開	薄顯切三薄典王三	薄泫廣
旆	並	去泰	一開	薄蓋王一、王三蒲蓋唐蒲蓋廣	蒲外王二
弼	並	入質	寅開A	房密唐、廣	房律切三、王一、王二
邁	明	去夬	二開	莫敗P3696	莫詁王一、王三、唐、廣

　2.被切字為脣音合口，反切下字或為合口，或為開口。茲舉例如下：

例字	聲	韻目	等呼	反切下字開口	反切下字合口
昉	幫	上養	丑合	分网廣	方兩切三、王一、王三、王二
頗	滂	平戈	一合	滂禾廣	滂何切三、王一、王三、王二
叵	滂	上果	一合	普火廣	普可切三、P3693、王一、王三
婆	並	平戈	一合	薄波切三、王二、廣	薄何王三
伴	並	上緩	一合	步卵P2014	薄旱切三、王一、王三蒲旱廣
瞞	明	平桓	一合	母官廣	武安切三、王一、王三
摩	明	平戈	一合	莫波切三、王一莫婆廣	莫何王三、王二
滿	明	上緩	一合	莫卵P2014	莫旱切一、切三、王一、王三、廣
麼	明	上果	一合	亡果廣	莫可切三、王一、王三
磨	明	去過	一合	摸臥唐模臥廣	暮箇S6176莫箇王一、王三、王二
末	明	入末	一合	莫撥廣	莫割切三、P3694、王一、王三、唐莫曷王二

　3.被切字開口，反切下字或為開口，或為脣音合口。茲舉例如下：

例字	聲	韻目	等呼	反切下字開口	反切下字合口
漢	曉	去翰	一開	呼旦王二、呼旰唐、廣	呼半S6176、王一、王三
旱	匣	上旱	一開	胡笴廣	何滿切一、切三、王一、王三
既	見	去未	子開	居豙廣	居未王一、王三、王二、唐
炭	透	去翰	一開	他旦王二、廣他案唐	他半S6176、王一、王三

4.被切字合口，反切下字或爲合口，或爲脣音開口。茲舉例如下：

例字	聲	韻目	等呼	反切下字開口	反切下字合口
瞶	曉	去至	寅合A	香季廣	許鼻王一、王三、王二
永	爲	上梗	二合	于憬廣	榮眪切三、P3693 榮丙王三
颮	爲	入質	寅合	「 」律P3694	于筆切三、王一、王三、王二、唐、廣
軌	見	上旨	寅合B	居洧切三、TIVK75、王一、王三、廣	居美王二
鰥	見	去襇	二合	古幻廣	古盼王三
橘	見	入術	寅合A	居聿廣居律唐	居蜜切三、王一、王三 居密王二
䩰	溪	去線	寅合	區倦廣	丘弁王三
劀	溪	入黠	二合	口滑切三、王一、王三、唐、廣	口八王二
選	心	去線	寅合	息絹王三、唐、廣	息便王二

5.被切字合口，反切下字爲合口，或爲開口。茲舉例如下：

例字	聲	韻目	等呼	反切下字開口	反切下字合口
崴	影	平皆	二合	乙乖切三、王一、王三、P2015	乙皆廣
枉	影	上養	丑合	紆往廣	紆兩王二
潍	影	上蕩	一合	烏晃切三、王三、廣	烏浪王二
汪	影	去宕	一合	烏光王三	烏浪廣
旻	曉	入薛	寅合A	許劣王一、王三、唐、P5531、廣	許列王二
熒	匣	平青	四合	戶扃廣	胡丁切三、王三 乎丁王二
迥	匣	上迥	四合	古迥廣	古鼎切三、王三
會	匣	去泰	一合	黃外唐、廣	黃帶王三、王二
縣	匣	去霰	四合	玄絢王二	黃練王一、王三、廣
攩	匣	去宕	一合	乎曠廣	胡浪王一、王三
位	爲	去至	寅合	于愧廣	洧冀王一、王三、王二
媧	見	平佳	二合	姑咼P2015 古蛙廣	姑柴切三、王三 姑祡王二
咼	溪	平佳	二合	苦蛙王二 口騧P2015 苦緺廣	苦哇切三
傾	溪	平淸	寅合A	去營王三、廣	去盈王二

僞	疑	去寘	寅合B	危瞗王一爲睡廣	危賜P3696、王三、王二
詑	透	平戈	一合	吐和王一、王三吐禾王二土禾唐、廣	吐何切三
綴	知	去祭	寅合	陟衛王一、王二、唐、廣	陟制王三
㔾	徹	入薛	寅合	丑劣切三、王三、王二、P5531丑悅廣	勅列唐
厜	精	平支	寅合	姊規切三、切二、切一、王三、王二	姊宜廣
脞	清	平戈	一合	倉和王一倉禾王二	醋伽廣
筍	心	上準	寅合	思尹切一、切三、王一、王三、廣	思忍王二
遄	禪	平仙	寅合	市緣王一、王三、廣	市延切三
敪	初	去至	寅合	楚類王一楚愧廣	楚利王三

　　6.被切字開口，反切下字或爲開口，或爲合口。茲舉例如下：

例字	聲	韻目	等呼	反切下字開口	反切下字合口
蹉	清	去過	一開	七箇王一、王三	七過廣

　　按脣音開口字的反切下字，有的用合口；脣音合口字的反切下字，有的用開口，顯示了脣音字的開合不定。所以脣音合口字有時拿來切開口字，而脣音開口字拿來切合口字的例子也不少。脣音的開合不定，往往就會造成反切下字字異音異的現象。

　　牙喉音的合口字，其反切下字取開口者，反切上字往往爲合口字，如紆、烏、許、胡、古、黃、洧、姑、苦、去、危等皆是。陸志韋《古反切是怎樣構成的》一文說：「像是因爲切上字的喉牙聲母發音部位較後，也許還加上撮脣勢，使得聲母和韻首合起來（例如「黃」的 ɣu，「苦」的 k'o）容易突出，叫反切作者倉卒之間造成錯誤。」[6]

　　7.反切下字等第不同

例字	聲	韻目	等第	反　　切	等第	反　　切	等第
侳	精	平戈	一等	子過王一、王三、王二	一等	子骫廣	三等

---

[6]　見《中國語文》，1963年第五期，頁351注2。

				反切下字用本韻字		等第	反切下字用他韻字	等第
坐	疏	平庚	二等	所庚廣		二等	所京切三、王三、王二	三等
豐	滂	平東	三等	敷隆切二、王三、王二 孚隆P2014		三等	敷空廣	一等
韄	曉	平戈	三等	許眲廣		三等	火戈王一、王三 希波王一、王三、王二	一等
敬	見	去映	三等	居命王二居慶唐、廣		三等	居孟王三	一等
灺	邪	上馬	三等	徐野切三、王一、廣		三等	徐雅王三	二等
欈	穿	上馬	三等	車者切三、王一昌者廣		三等	車下王三	二等

按上舉七字，皆下字字異而等第不同。其下字等第與被切字有異者，蓋用字偶疏。

8.本韻字用他韻字爲反切下字

《切韻》系韻書的反切，其下字有用他韻字代替本韻字者。例如平聲六脂私字，《切三》、《王三》、《王二》俱作息脂反，《廣韻》作息夷反，《P3696》作息茲反，按下字脂、夷俱在脂韻，茲字在之韻，可能編寫者的方音，脂之不分。

又如上聲講韻愑字，《切三》、《王三》、《廣韻》俱作烏項反，《王二》作烏朗反，下字項在講韻、朗在上聲蕩韻，可能編寫者的方音，講蕩不分。《王二》上聲韻目將養、蕩移至腫、講之後，正可以看出講蕩二韻的關係。

茲舉例如下：

例字	韻目	反切下字用本韻字	反切下字用他韻字	說　明
聰	平江	女江切三、王三、王二、廣	女紅切二	江東之異
私	平脂	息脂切三、王三、王二息夷廣	息茲P3696	脂之之異
尸	平脂	式脂切三、王三、王三	式之廣	脂之之異
狋	平脂	牛飢切三牛肌切二、廣	牛n P3696、王二	脂微之異
幃	平微	王非切三、王三雨非廣	王悲切二	微脂之異
前	平先	昨先切三、王三、廣	祚連P2014	先仙之異
賢	平先	胡千切三、王三胡田廣	乎連P2014	先仙之異
祆	平先	呵憐王三呼煙廣	呵原作可連P2014	先仙之異

恈	平仙	莊緣切三、王一、廣	莊關P2014	仙刪之異
倉	平唐	七崗切三、王一、王三 七岡廣	七良王二	唐陽之異
謀	平尤	莫浮王一、王三、王二、廣	莫侯切三	尤侯之異
廉	平鹽	力鹽S6187、王三、廣 力占P2014	力兼王二	鹽添之異
鵮	平鹽	徐廉切三、王三、王二 徐鹽廣	徐原作余兼P2014	鹽添之異
鼸	平添	丁兼王二、廣	丁廉切三、王三	添鹽之異
鼸	平添	勒兼王三、王二、廣	勒廉切三	添鹽之異
攙	平銜	楚銜切三、王三、王二、廣	楚咸王一	銜咸之異
凡	平凡	符之切三、王一、王三、王二	符咸廣	凡銜之異
傋	上講	烏項切三、王三、廣	烏朗王二	講蕩之異
履	上旨	力几切三、王一、王三、廣	力己王二	旨止之異
崣	上旨	徂壘王一、王二	徂累切三、廣	旨紙之異
湫	上篠	子了王一、王三、廣	子小P3693	篠小之異
猛	上梗	莫杏切三、王三	莫幸廣	梗耿之異
耿	上耿	古幸切三、P3693、廣	古杏王三	耿梗之異
皽	上敢	倉敢P4917、切三、王一、王三	倉感王二	敢感之異
豷	去至	許位王二、廣	許僞王一、王三	至寘之異
鼻	去至	毗四王一、王三 毗至廣	毗志王二	至志之異
肄	去至	羊至王一、王三、廣	羊志王二	至志之異
忌	去志	渠記王一、王三、廣	其既王二	志未之異
意	去志	於記王一、王三、廣	於既王二	志未之異
夬	去夬	古邁P3696、王二、王三、唐	古賣廣	夬卦之異
蠆	去夬	丑芥P3696、王三 丑犗廣	丑菜王一 丑界王二 丑介唐	夬代怪之異
喝	去夬	於芥P3696、王三、唐 於犗廣	於菜王一 於界王二	夬代怪之異
㘔	去夬	所芥P3696、王三 所犗廣	所界王二	夬怪之異
講	去夬	火芥P3696、王一、王三 火犗廣	火界王二 火介唐	夬怪之異
咶	去夬	火夬P3696、王一、王三、王二、廣	火介唐	夬怪之異
慨	去代	苦愛王一、王二 苦摡唐	苦蓋廣	代泰之異
憖	去震	魚覲TIVK75100a、王一、王三、廣	魚靳王二	震焮之異

衍	去線	予線_唐于線_廣	餘見_{王三}	線霰之異
防	去漾	符況_廣	扶浪_{王三}	漾宕之異
頡	入鎋	下刮_{切三、王一、王三、唐、廣}	下括_{王二}	鎋末之異
刖	入鎋	五刮_{切三、王二、唐、廣}	五割_{王三}	鎋曷之異
剗	入薛	廁別_{王三、王二}廁列_{唐、廣}測別_{P5531}	廁滑_{切三}	薛黠之異
鰪	入盍	安盍_{王一、王三、王二、唐、廣}	安合_{P2015}	盍合之異
囃	入盍	倉臘_{王一}	倉雜_廣	盍合之異

　　按上舉之例所牽涉的韻部，平聲有東江、脂之、脂微、刪仙、先仙、陽唐、尤侯、鹽添、銜咸、咸凡；上聲有講蕩、紙旨、旨止、篠小、梗耿、感敢；去聲有寘至、至志、志未、泰代、卦夬、怪夬、怪夬代、震焮、霰線、漾宕；入聲有末鎋、曷鎋、黠薛、合盍。這些韻部，陸法言的《切韻》各分為二，而當時的方音有的不分，因此《切韻》的傳寫者或編寫者，由於方音的影響，偶然混用。

參　切韻系韻書反切異文的價值

　　姜亮夫《瀛涯敦煌韻輯總目》云：「自陸法言至陳彭年，中間數百年，切韻之更改者，亦數千家，蓋皆以一時一地之音為之準的，故即各家反語之異同，即可知當日語音之變遷，諸家反語異文譜歷歷俱在，可以覆按，亦研究語音及考唐宋音變者之所當知。」[7]

　　《切韻》系韻書的反切異文，誠如姜氏所言，對於中古音的研究，很有幫助。例如在考訂韻書年代、研究《廣韻》聲類、探討方音，校補韻圖方面，往往可以提供寶貴的材料。因篇幅所限，茲舉探討方音一項，說明如下：

---

[7] 見《瀛涯敦煌韻輯》，頁13。臺北，鼎文書局，民國六十一年(1972)九月初版（翻印本）。

　　《切韻》系韻書的反切異文，有些是受方音影響而形成的。從這類反切異文，可以看出中古方音的一些跡象。

　　先從聲母來談。

　　反切上字字異音異者，如幫與並、從與邪、從與精、清與穿、照與精、照與莊、禪與穿、禪與神，可能是編寫者受方音影響而造成的。

　　其中幫與並、從與邪、禪與神之異，可用《顏氏家訓‧音辭篇》所言相印證。

　　《音辭篇》說：「古今言語，時俗不同，著述之人，楚夏各異。蒼頡訓詁，反稗爲逋賣。」周祖謨《顏氏家訓音辭篇注補》說：「蒼頡訓詁，後漢杜林撰，見舊唐書經籍志。此音不知何人所加。稗爲逋賣反，逋爲幫母字，廣韻作傍卦切，則在並母，清濁有異。」[8]

　　據此則《P2014》以步交切包，步屬並母，包屬幫母，可能編寫者的讀音，幫母與並母不分。

　　《音辭篇》又說：「南人以錢爲涎，以石爲射，以賤爲羨，以是爲舐。」周祖謨《顏氏家訓音辭篇注補》說：「此論南人語音，聲多不切。案錢切韻昨仙反，涎敍連反，同在仙韻，而錢屬從母，涎屬邪母，發聲不同。賤唐韻唐寫本，下同。才線反，羨似面反，同在線韻，而賤屬從母，羨屬邪母，發聲不同。南人讀錢爲涎，讀賤爲羨，是不分從邪也。石切韻常尺反，射食亦反，同在昔韻，而石屬禪母，射屬牀母三等。是切韻承紙反，舐食氏反，同在紙韻，而是屬禪母，食屬牀母三等。南人讀石爲射，讀是爲舐，是 ﹣ 母三等與禪母無分也。」[9]

　　據此則《王二》以似古切粗，似屬邪母，粗屬從母；以徐禮

---

[8] 見周祖謨《問學集》上冊，頁416。臺北，知仁出版社，民國六十五年(1976)12月初版（翻印本）。

[9] 見《問學集》上冊，頁412。

切薺，徐屬邪母，薺屬從母，可能編寫者的讀音，從母與邪母不分。

又《王三》以食枕切甚，食屬神母，甚屬禪母，可能編寫者的讀音牀母三等（神母）與禪母不分。

《P2014》是五代本《切韻》[10]，其以全濁並母步字切全清幫母包字，可能五代以前，某些地方的方音，有一部分並母的字讀爲幫母，就像現代的方音一樣，包、步二字除蘇州、溫州、雙峰還保存清濁〔p〕、〔b〕之別外，其餘北京、濟南、西安、太原、武漢、成都、合肥、揚州、長沙、南昌、梅縣、廣州、陽江、廈門、潮州、福州、建甌等地，皆已混同，一律讀爲〔p〕。[11]

《王三》成書於唐中宗之前[12]，其以全濁塞擦音神母食字切全濁擦音禪母甚字，可能在中宗以前，某些地方的方音，有一部分全濁塞擦音神母的字和全濁擦音禪母的字混同，就像現代的方音一樣，食、甚二字的聲母，北京、濟南、西安、合肥都讀〔ş〕，太原、武漢、成都、揚州、長沙、南昌、梅縣、廈門（文音）、福州、建甌（文音）都讀〔s〕，蘇州、溫州都讀〔z〕，廣州、陽江都讀〔ʃ〕。[13]

至於照母二等（莊母）和照母三等（照母），《P2012守溫韻學》殘卷所載的三十字母雖然沒有分立，而從此卷〈兩字同一韻憑切定端的例〉所載「諸」字章魚反和「菹」字側魚反的對立反切，可知中晚唐以前，照母二等、三等已經分化。[14]

《切三》爲唐初箋注本《切韻》，其以側什切「執」，可能當

---

[10] 見周祖謨《唐五代韻書集存》，頁884。

[11] 見《漢語方音字匯》，頁100及173。北京，文字改革出版社，1986年6月第二版。

[12] 見周祖謨《唐五代韻書集存》，頁884。

[13] 見《漢語方音字匯》，頁67及280。

[14] 此用孔仲溫之說，見〈敦煌守溫韻學殘卷析論〉，第三屆全國聲韻學研討會發表論文，1986年。

時有的方音，照母二、三等還未分化。

　　此外，賄韻「頋」字，《P5531》音呼罪反，這個以次清擦音曉母字切次濁鼻音疑母字的例子，很值得注意。現代閩南語也有幾個疑母字白話音讀為喉擦音〔h〕的例子。例如「危」字，讀書音讀作〔gui〕而白話音「危險」的「危」讀作〔hui〕。另外還可以從《普通話閩南方言詞典》找出幾個例子：[15]

韻目	紐字	讀書音	白話音
魚韻	魚	〔gu〕	〔hi〕
泰韻	艾	〔gãi〕〔ge〕	〔hiã〕
翰韻	岸	〔gan〕	〔huã〕
霰韻	硯	〔gian〕	〔hĩ〕
陌韻	額	〔gik〕	〔giaʔ〕〔hiaʔ〕

　　也許唐代某個地方的方音，也有這樣情形，不過例證太少，還必須做進一步的探討。

　　至於韻母方面。

　　由下字字異音異的例子來看，《切韻》系韻書的反切有用他韻之字為下字的情形，而所用的都是鄰韻字。牽涉的韻部，平聲有東江、脂之、脂微、刪仙、先仙、陽唐、尤侯、鹽添、銜咸、咸凡；上聲有講蕩、紙旨、旨止、篠小、梗耿、感敢；去聲有寘至、至志、至未、泰代、卦夬、怪夬、怪夬代、震㮇、霰線、漾宕；入聲有末鎋、黠薛、合盍，這顯示兩韻之間，唐代有些地方是沒有分別的。

　　顏之推於《顏氏家訓・音辭篇》中，論南北音之大較，曾說北人「以紫為姊，以洽為狎」。紫姊同屬精母，而紫在紙韻，姊在旨韻，北人讀紫姊，是紙旨不分也，又洽狎同為匣母，《切韻》分為兩類，北人讀洽為狎，是洽狎不分也。[16]按洽為咸之入聲，狎

[15]　《普通話閩南方言詞典》，三聯書店香港分店，1982年10月第一版。
[16]　此用周祖謨〈顏氏家訓音辭篇注補〉之說，見《問學集》上冊。

爲銜之入聲，入聲洽狎不分，則平聲咸銜亦當不分。上聲旨韻ⁿ₋
字，《廣韻》作徂累切，累在紙韻，此旨紙不分者，又平聲銜韻攙
字、《王一》做楚咸反，咸在咸韻，此銜咸不分者，可見唐代有些
地方的方音，紙旨不分、咸銜不別，正與顏氏所言北人讀音相同
。

　　又法言編撰《切韻》曾經參考呂靜《韻集》、夏侯詠《韻略》
、陽休之《韻略》、李季節《音譜》、杜臺卿《韻略》。取現存《刊
謬補缺切韻》各本韻目小注所錄呂靜等五家分韻的異同來比較，
可以看出上舉牽涉之韻，五家韻書有的也是不分的。如：

平聲

脂　呂、夏侯與之微大亂雜，陽、李、杜別，今依陽、李、杜。

先　夏侯、陽、杜與仙同，呂別，今依呂。

陽　呂、杜與唐同，夏侯別，今依夏侯。

尤　夏侯、杜與侯同，呂別。

咸　李與銜同，夏侯別，今依夏侯。

上聲

旨　夏侯與止爲疑，呂、陽、李、杜別，今依呂陽、李、杜。

篠　李、夏侯與小同，呂、杜別，今依呂、杜。

耿　李、杜與梗迥同，呂與靖迥同，與梗別，夏侯與梗靖迥別，今依夏侯。

去聲

至　夏侯與志同，陽、李、杜別，今依陽、李、杜。

夬　無平上聲。李與　同，呂別與會同，夏侯別，今依夏侯。

霰　夏侯、陽、杜與線同，呂別，今依呂。

漾　夏侯在平聲陽唐、入聲藥鐸並別，去聲漾宕爲疑，呂與宕同，今並別。

　　由這些小注可以看出[17]，平聲脂與之微大亂雜（呂、夏侯），先仙同韻（夏侯、陽、杜），陽唐同韻（呂、杜），尤侯同韻（夏侯、杜），咸銜同韻（李）；上聲旨止混同（夏侯），篠小同韻（李、夏侯），耿梗同韻（李、杜）；去聲至志同韻（夏侯），夬怪同韻（李），霰線同韻（夏侯、陽、杜）漾宕同韻（呂）。這與《切韻》系韻書反切異文所顯現的情形很多相同。可見平聲脂之、脂微、先仙、陽唐、尤侯、咸銜；上聲旨止、篠小、耿梗；去聲至志、夬怪、霰線、漾宕諸韻，從南北朝至唐，有的方音沒有分別。法言採取從分不從合的原則，將其一一分開，就與某些地方的實際語音有距離。所以唐代的「屬文之士」才會「苦其苛細」了。

本文為1992年8月於山東威海，中國音韻學研究會第七次學術討論會宣讀論文。原載於1993年3月《東吳文史學報》No.11，1-16頁

---

[17] 此據周祖謨氏所校補者，見〈切韻的性質和它的音系基礎〉，《問學集》上冊，頁447。

敦煌韻書殘卷在聲韻學研究上的價值

前　言

自隋陸法言編定《切韻》以後，唐人繼作，或刊正訛誤，或增字加訓，作者多人，極盛一時。但是切韻及唐人韻書，後來多已失傳。清末以來，唐五代韻書陸續發現，有甘肅敦煌莫高窟和新疆吐魯蕃所出的韻書殘卷，以及吳縣蔣斧得於北平廠肆的唐韻殘卷，故宮博物院舊藏的刊謬補缺切韻和購藏的唐寫全本王仁昫刊謬補缺切韻。這些韻書對我們了解中古音大有幫助。

敦煌所出的韻書，所存者或數行或數十葉，雖然不甚完整，但是種類較多，有陸法言切韻傳本、長孫訥言箋注本切韻、增訓加字本切韻、王仁昫刊謬補缺切韻、唐韻、大唐刊謬補缺切韻等，都是相當珍貴的資料。自王國維以來，聲韻學家利用這些資料考證切韻音系，往往有新的發現。

敦煌韻書可資利用的地方很多，本文僅就個人平日研究所得，提出幾個問題來討論，以明敦煌韻書在聲韻學研究上的價值。

壹　由敦煌韻書和廣韻反切的比較
證廣韻是否有輕脣音

清陳澧系聯《廣韻》反切上字爲四十聲類，分脣音爲重脣幫、滂、並、明四類，輕脣非、敷、奉三類。茲錄其系聯情形如下[1]：

○邊_{布玄}布_{博故}補_{博古}伯百_{博陌}北_{博墨}博_{補各}巴_{伯加}此爲「幫」之類。^{幫博旁切}

---

[1]見《切韻考外篇》，卷1，頁1。臺北，學生書局，民國五十八年(1969)一月二版。

○滂普郎普滂古匹譬吉譬匹賜此爲「滂」之類。

○蒲薄胡步薄故薄回薄傍各白傍陌傍步光部蒲口此爲「竝」之類。 [2t]蒲迴切

○方府良卑府移并府盈封府容分府文府甫方矩鄙方美必卑吉彼甫委兵甫明筆鄙密陂彼爲畀必至○《廣韻》切語此十四字聲同類。字母家分之,以方封分府甫五字,爲「非」之類。非甫 微切卑并鄙必彼兵筆陂畀九字,入「幫」之類。

○敷孚芳妃芳非撫芳武芳敷方披敷羈峰敷容丕敷悲拂敷勿○《廣韻》切語此九字聲同類。字母家分之,以敷孚妃撫芳峰拂七字,爲「敷」之類,披丕二字,入「滂」之類。

○房防符方縛符钁平符兵皮符羈附符遇符苻扶防無便房連馮房戎毗房脂弼房密浮縛謀父扶雨婢便俾○《廣韻》切語此十六字聲同類。字母家分之,以房防縛附符苻扶馮浮父十字,爲「奉」之類。奉扶 隴切平皮便毗弼婢六字,入「竝」之類。

○明武兵無巫武夫彌武移亡武方眉武悲綿武延武文甫靡文彼美文無分美無鄙望巫放莫慕各慕莫故模謨摸莫胡母莫厚此爲「明微」二類。○《廣韻》切語此十八字聲同類。字母家分之,以美明彌眉綿靡莫慕模謨摸母十二字,爲「明」之類。無巫亡武文望六字,爲「微」之類。微無 非切

　　由以上系聯情形可以看出,重脣和輕脣的反切上字時有混淆,很難分得清楚,而守溫三十六字母輕重脣分立,所以陳氏根據「字母家分之」,也就將輕重脣分開,祇是明、微還合成一類。其後黃季剛先生修正其說,將明、微分成二類[2],於是輕脣四紐與重脣四紐完全分立。後來李榮的《切韻音系》一書,根據唐寫全本王仁昫刊謬補缺切韻的反切來考證切韻的音系,結果是輕重脣不

---

[2]見陳新雄師,《音略證補》,頁22 。臺北,文史哲出版社,民國六十七年(1978)九月增訂初版。

分[3]。周法高先生的〈論切韻音〉一文，也認爲切韻的脣音無輕重之別[4]。

　　《廣韻》也是切韻系韻書的一種，如果切韻的輕重脣不分，那麼《廣韻》是否有別呢？有人以爲《切韻》的時代較早，所以輕重脣不分，《廣韻》的時代較晚，應該有別。現在我們拿敦煌韻書的反切異文和《廣韻》比較，可以發現如下的情形：

一　敦煌韻書反切異文以輕脣切輕脣，廣韻亦同：

　　東韻　風　方隆(斯2055)府隆(伯2014(1))　(伯2015(1))方戎(廣韻)

二　敦煌韻書反切異文以重脣切重脣，廣韻亦同：

　　東韻　蓬　薄紅(伯3798)　(斯2055)　(伯2018)步紅(伯2014(1))薄紅(廣韻)

　　齊韻　鼙　薄迷(斯2071)步迷(伯2015(2))部迷(廣韻)

　　　　　批　普雞(斯2071)匹兮(伯2015(2))匹迷(廣韻)

　　佳韻　牌　薄佳(斯2071)步街(伯2015(2))薄佳(廣韻)

三　敦煌韻書反切異文，或以輕脣切重脣、或以重脣切重脣，廣韻則以輕脣切重脣：

　　支韻　鈹　敷羈(伯3696(1))普羈(斯2055)敷羈(廣韻)

　　脂韻　邳　符悲(伯3696(1))　(斯2071)蒲悲(斯2055)符悲(廣韻)

　　　　　丕　敷悲(伯3696(1))　(斯2071)普悲(斯2055)敷悲(廣韻)

四　敦煌韻書反切異文，或以輕脣切重脣，或以重脣切重脣，廣韻則以重脣切重脣。

　　齊韻　䰛　方奚(伯2011)必迷(伯2015(2))邊兮(廣韻)

　　由以上的例子來看，敦煌韻書的反切，或以輕切輕、或以重切重、或以輕切重，很不一致，而《廣韻》也一樣。其中第三項

---

[3]見《切韻音系》，頁88。臺北，鼎文書局，民國六十二年(1973)影印。
[4]〈論切韻音〉，香港中文大學中文研究所學報第1卷。民國五十七年(1968)。

的例子最值得留意，伯3696第一葉正面殘存鍾、江、支三韻三行，背面支、脂、之三韻三十行，是唐寫陸氏原本的殘葉。斯2071是隋末唐初增字加注本切韻，斯2055是長孫訥言箋注本切韻，時代比斯2071晚。支脂「鈹」字與脂韻「邳」「丕」二字，都是重脣音，時代較早的伯3696第一葉和斯2071皆以輕脣字爲切，而時代較晚的斯2055則以重脣字爲切。這有兩種可能：一是斯2055的編寫者有意改「類隔」爲「音和」；一是輕重脣還未分化，以輕切重或以重切輕都一樣，並不是有意改的。不論是那一種情形，斯2055既然以重脣切重脣，如果《廣韻》輕重脣分立，那麼「鈹」「邳」「丕」三字，也應該以重脣切之，然而《廣韻》不但以輕脣切之，反切用字也和時代較早的伯3696及斯2071相同，所以《廣韻》的脣音反切上字，應該是輕重脣不分。此外，敦煌韻書各本反切以重脣切重脣者，《廣韻》往往以輕脣爲切。例如：

霰韻　遍　博見_{伯2011} 方見_(廣韻移入線韻)
職韻　愎　皮逼_{伯2014(9)} 符逼_{廣韻}
箇韻　麼　莫可_{斯2071}　_{伯2011}亡果_(廣韻在果韻)
襇韻　蔄　莫莧_{伯2011}亡莧_{廣韻}

案：以上敦煌韻書所用的反切上字，「博」字幫母、「皮」字並母、「莫」字明母，皆屬重脣音；而《廣韻》所用者，「方」字非母、「符」字奉母、「亡」字微母，皆屬輕脣音。

　　從以上所舉的例子來看，可知《廣韻》脣音反切上字還是輕重不分的，如果已經有分別，那麼敦煌韻書各本反切，其以重脣切重脣者，《廣韻》爲何多所不從，反以輕脣爲切？這種現象，正可以說明《廣韻》脣音反切上字都讀重脣。

貳　由五代本切韻之部次論廣韻部次是否直承李舟切韻

　　敦煌所出韻書伯2014、2015、2016(正面)、4747、5531諸殘卷，是五代時期的韻書，大部分是刊本，小部分是抄本。各卷所

存者如下：

伯2014：斷片九葉。

　　第一葉　存東、冬二韻。

　　第二葉　存魚、虞二韻。

　　第三葉　正面存下平韻目後半及先、仙二韻；背面存仙、
　　　　　　宣、蕭三韻。

　　第四葉　正面存宵、肴二韻;背面存肴、豪二韻。

　　第五葉　存肴韻。

　　第六葉　存侵、鹽二韻。

　　第七葉　存紙韻。

　　第八葉　存緩、潸、產、銑、旱五韻。

　　第九葉　正面存職、德二韻；背面存德、業、乏三韻。

伯2015：斷片三葉。

　　第一葉　存東、冬、鍾三韻。

　　第二葉　存齊、佳、皆、灰四韻。

　　第三葉　存盍、洽、狎、葉、怗五韻。

伯2016(正面)：斷片一面。

　　存孫愐序、上平韻目、東韻。

伯4747：斷片一葉。

　　存東韻一部分。

伯5531：斷片四葉。

　　第一葉　存尾、語二韻。

　　第二葉　存蟹、駭、賄三韻。

　　第三葉　存薛、雪、(昔)、錫四韻。

　　第四葉　存麥、陌二韻。

這些殘卷是否爲同一類韻書，目前還沒有一致的看法，姜亮
夫、潘師重規都斷定是同種同書[5]，而上田正、周祖謨卻認爲入聲

---

[5]姜氏之說，見《瀛涯敦煌韻輯》，論部十三、十四。臺北，鼎文書局，民國六
十一年(1972)影印。潘師之說，見《瀛涯敦煌韻輯新編》，頁473。臺北，文史

各韻(伯2014第九葉、伯2015第三葉、伯5531第三、四兩葉)的體例不同於平聲和上聲部分，所以平、上各韻的殘葉是同一類的韻書，而入聲這部分的殘葉是另一系的韻書[6]。

　　姜氏的看法是：「以入聲各韻而論，不論其爲韻次、切語用字、增紐、增字，與及小韻建首字等，其更張之迹皆較上三聲爲少，此當有兩說，一爲入聲與上去聲本非同書，乃兩種書之兩截，一爲同一書而別有他故，然依敘錄中之所證明，其爲同書，決無可疑，則當有別說；案入聲韻字，凡諸隋唐韻書字書之存于今者，皆不能與上去入(陽案當作平上去)相配，故入聲部目，陸氏以降，皆無增損移易之事，而平上去三聲，則唐人之移易分合增損者甚爲紛雜，是必唐時平上去三聲之音質音素變遷必甚繁多，故唐人之討論整飾此三聲者亦甚眾，其于入聲，蓋一沿隋以來之舊貫，音質音素之變化既少，無所用其移易更張，則增紐、增字、變更紐首等，自無容如平上去三聲之紛紛然，是則入聲四韻，不僅與本卷平上去三聲當爲同種同書，且吾人亦因之而可考見唐人考較韻書重輕之所在，及唐宋韻變之大端。」

　　潘師也認爲伯2014第一至第九葉爲同一書，云：「由本卷第八、九二紙內容觀之，韻次、引書(前數紙引內典，此二紙屢、襯皆云見內典。)諸端，與前七紙均符，當爲一書。」

　　今案：伯2014第三葉下平仙韻之後有宣韻，而伯5531第三葉入聲薛韻之後有雪韻，平與入正相應。可見這些殘卷的入聲部分與平上部分，在分韻上應當屬於同一系統，周祖謨也承認這一點。既然在分韻上彼此相應，而說它們不是同一系的韻書，於理就

哲出版社，民國六十三年(1974)六月臺初版。

[6] 上田氏之說，見《切神殘卷諸本補正》，頁24至33，又頁42。東京大學東洋文化研究所附屬東洋學文獻刊行委員會，昭和48年3月。周氏之說，見《唐五代韻書集存》，頁919至942。中華書局影印。

說不過去，所以我們還是相信姜氏及潘師的看法。

　　姜氏認為本書亦用李舟《切韻》之說。他說:「按今集韻引李舟說者凡八事:

東韻肜字云:『李舟從肉。』
支韻腄字云:『馬及鳥脛上結骨。李舟說。』
先韻薄字云:『詩薄薄者莪。李舟說。』
皆(當作旨)韻篹字云:『法可以篹罔人心。李舟說。』
禰韻楷下云:『木參交以枝炊爨者。李舟說。』
薛韻朳字注云:『無齒杷。李舟讀。』
又謁字注云:『白也。李舟說。』
職韻日字注云:『太陽精也。李舟說。』

此八字中，其見于本卷者，有薄、朳、謁三字。按薄字廣韻入二
仙，蓋別有所本，集韻本李舟說入一先，本卷亦入一先，是本卷
原于李舟也。朳字訓無齒杷，此玉篇說也，而各卷皆入黠韻，獨
集韻引李舟說入薛，本卷亦入薛韻，是本李舟也。又謁字各本皆
在月韻，而集韻引李舟說入薛，本卷亦入薛韻，是亦本李舟說也。」

　　今案:東韻「肜」字，《集韻》云:「李舟從肉。」而伯4747
東韻寫作「肜」(字旁作「舟」，蓋為誤寫，詳後)，亦採李舟說。
又「日」字，《集韻》引李舟說入職韻，而伯2014第九葉亦入職韻
，注云:「而職反，古音，太陽之精。今音而一反。」也是採用李
舟說。姜氏漏抄「肜」字，又未見伯2014第九葉，故有遺漏。

　　周祖謨撰《唐五代韻書集存》，對姜氏的說法提出疑問，他說
:「姜先生所舉八條中，只有『朳』字一條是與本書相合的，先韻
『薄』字已見於宋跋本王韻，則未必採自李舟書。東韻『肜』字
，2014(3)並不從肉;皆韻『篹』字，2015(2)未收。姜先生所說入
聲薛韻『謁』字，在5531(3)實際是「揭」字，正文雖殘闕不存，
而注文作『揭發，又去竭去偈反』，與『訐』字同紐，非『謁』字

無疑。至於職韻的『日』字，集韻是據李舟說采入的，但本書是否采自李舟書還是很難確定。考法華經繹文引祝尚丘云：『日，太陽之精也。古音而職反。』(見大正新修藏經卷56，頁150)與本書注文，反切完全相合。那麼，與其說采自李舟，勿寧說采自祝尚丘了。」[7]

周氏之說似乎也有道理，不過《集韻》採自李舟書的八條，本書除「纂」字未收，「腄」「楷」「謁」三字，書有殘缺，無法比證外，其餘四條，皆與《集韻》所引相合，占全體之半數，決非偶然。「肜」字本書作「彤」，雖不從肉，但是根據潘師主編的《敦煌俗字譜》，「肉」字的俗寫與「舟」形近，則「舟」蓋「肉」之誤寫[8]。至於「薄」「日」二字，雖分別與宋跋本王韻及祝尚丘之說相合，然由「朹」字與《集韻》所引李舟說完全相同來看，我們很難說「薄」「日」二字不像《集韻》那樣也是採用李舟說的。

根據以上所論，我們還是依姜氏及潘師之說，認爲這些殘卷都是同一類的韻書，並根據姜氏的看法，認爲本書亦用李舟《切韻》之說。

至於本書平、上、入三聲的韻目及韻次，可據伯2016正面所存上平韻目及伯2014第三葉正面所存下平韻目後半四十五清至五十八凡，還有同書其他各卷殘存各韻的標目復原如下：

平聲
　　[1]東 [2]冬 [3]鍾 [4]江 [5]支 [6]脂 [7]之 [8]微 [9]魚 [10]虞 [11]模 [12]齊 [13]佳 [14]皆 [15]灰 [16]咍 [17]真 [18]諄 [19]臻 [20]文 [21]殷 [22]元 [23]魂 [24]痕 [25]寒 [26]

---

[7]見《唐五代韻書集存》，頁941。

[8]見《敦煌俗字譜》，頁258。臺北，石門圖書公司，民國六十七年(1978)八月初版。

桓 [27] 刪 [28] 山 [29] 先 [30] 仙 [31] 宣 [32] 蕭 [33] 宵 [34] 肴 [35] 豪 歌 戈 麻 覃
談 陽 唐 庚 耕 [45] 清 [46] 青 [47] 尤 [48] 侯 [49] 幽 [50] 侵 [51] 鹽 蒸 [53] 添
[54] 登 [55] 咸 [56] 銜 [57] 嚴 [58] 凡

上聲
董 腫 講 紙 旨 止 尾 [8] 語 麌 姥 薺 蟹 [13] 駭 [14] 賄 海 軫
準 吻 隱 阮 混 佷 旱 [24] 緩 [25] 潸 [26] 產 [27] 銑

入聲
屋 沃 燭 覺 質 聿 術 物 櫛 迄 月 沒 曷 末 黠 鎋 屑
薛 [20] 雪 [21] 錫(昔) [22] 麥 [23] 陌 合 盍 [26] 洽 [27] 狎 [28] 葉 [29] 怗 緝 藥
鐸 職 [34] 德 [35] 業 [36] 乏

由本書明見之韻目及序次來看，其四聲韻次尚仍法言舊貫，入聲
序次與平、上聲不相應；而平聲仙分出宣，入聲薛分出雪，是其
特色。

　本書亦用李舟《切韻》之說，上文已有論列，而大徐改定的
《說文解字篆韻譜》(今五卷本)也曾經參考李舟《切韻》，《韻譜
》後序云：「又得李舟所著切韻，殊有補益，其間有說文不載而見
於序例注義者，必知脫漏，並從編錄，疑者則以李氏為正。」

　大徐改本的部目，上平二十七韻，下平二十九韻，上聲五十
五韻，去聲六十韻，凡二百零五韻，與《廣韻》相較，大徐痕附
於魂，仙後有宣，嚴後無凡，其餘悉同。王國維於〈李舟切韻考
〉一文中，以為大徐所據者即李舟《切韻》之部次，而陳彭年修
《廣韻》亦用之。王氏說：「李舟切韻於韻學上有大功二：一、使
各部皆以聲類相從；二、四聲之次相配不紊是也。前者如降覃談
於侵後，升蒸登於青後……。至於四聲次序相配，……其尤顯者
在上去二聲末四韻。唐時韻書，平聲或有嚴無凡，而上去則有范
梵而無儼釅，李韻上聲末四韻以湛(即豏)檻儼范為次，去聲以陷

鑑醶梵爲次，入聲以狎洽業乏爲次，是增改舊韻部目，以配平聲咸銜嚴凡者，而廣韻從之。」又說：「大徐改定篆韻譜既用其次，陳彭年亦江南舊人，又嘗師事大徐，故修廣韻亦用之。」[9]

　　案：上述伯2014第三葉下平韻目，蒸韻列五十二鹽之後，登韻列五十三添之後，其序次爲五十一鹽、五十二蒸、五十三添、五十四登、五十五咸、五十六銜、五十七嚴、五十八凡，而第九葉入聲序次爲三十三職、三十四德、三十五業、三十六乏，與平聲蒸、登、嚴、凡之次不相應。如果李舟《切韻》各部皆以聲類相從，四聲之次相配不紊，而此書既用李舟《切韻》之說，爲何獨於部次不取其說？可見李舟《切韻》，陽入二聲固不相應，大徐參考李舟書，是用來「補脫正疑」，未必用其部次，《廣韻》韻目四聲一貫，亦非直承李舟，王國維之說不可盡信。

參　由敦煌韻書反切異文所見的方音現象

　　敦煌韻書反切異文，有些是受方音影響而形成的。例如入聲緝韻「執」字，斯2071音側什反，「側」字屬照母二等，伯3799作之入反，「之」字屬照母三等。側什反與本韻「戢」字阻立反音同。切韻的體例，凡同一韻之內，同音之字不立兩切語，所以側什反是重出的反切，可能編寫者的讀音，照母二等和照母三等不分，所以用照母二等的「側」字切照母三等的「執」字。又如平聲先韻「前」字，斯2071音昨先反，伯2014則作祚連反。「先」字在先韻，「連」字在仙韻，編寫者的讀音，先、仙二韻不分，所以用仙韻的「連」字切先韻的「前」字。從這類反切異文，可以看出中古方音的一些跡象。

---

[9]見《觀堂集林》，頁377至379。臺北，河洛圖書公司，民國六十四年(1975)三月臺景印初版。

　　先從聲母說起：

　　(一)全清聲母和全濁聲母有相混者。例如冬韻「賨」字，斯2055音在宗反，伯2018音藏宗反，伯2014(1)、伯2015(1)則作祖冬反。本韻「宗」字，伯2014(1)、伯2015(1)音祖琮反，則祖冬反與祖琮反重出。案「在」「藏」二字屬從母，「祖」字屬精母，此全清精母與全濁從母相混。又如肴韻「包」字，斯2071音布交反，伯2014(4背)、伯2015則作步交反。本韻「庖」字，伯2014(4背)音步包反，則步交反與步包反重出。案「布」字屬幫母，「步」字屬並母，此全清幫母與全濁並母相混。

　　(二)照母二、三等有相混者。例如緝韻「執」字，伯3799音之入反，斯2071作側什反。本韻「戢」字，伯3799、斯2071音阻立反，則側什反與阻立反重出。案「之」字屬照母三等，「側」字屬照母二等，此照母二、二等相混。

　　(三)牙音次濁聲母與喉音次清聲母有相混者。例如賄韻「頠」字，斯2071、伯2011音五罪反，伯5531(2)則作呼罪反。本韻「賄」字，斯2071、伯5531(2)音呼猥反，則呼罪反與呼猥反重出。案「五」字屬疑母，「呼」字屬曉母，此牙音次濁疑母與喉音次清曉母相混。

　　再談韻母方面：

　　(一)脂與之、志與未、脂與微相混。例如：

　　脂韻「私」字，斯2071音息脂反，伯3696(1)則作息茲反，「茲」字在之韻。

　　志韻「志」字，伯2011 職吏受，伯3696(2)韻目作之利反，「利」字在至韻。

　　微韻「幃」字，斯2071音王非反，斯2055則作王悲反，「悲」字在脂韻。

　　(二)先與仙相混：

　　先韻「前」字，斯2071音昨先反　伯2014(3)音祚連反。又本韻「賢」字，斯2071音胡田反，伯2014音[　]連反。「連」字在仙韻。

　　(三)篠與小相混：
　　篠韻「湫」字，伯2011音子了受，伯3693音子小反，「小」字在小韻。

　　(四)尤與侯相混：
　　尤韻「謀」字，伯2011音莫浮反，斯2071音莫侯反，「侯」字在侯韻。

　　(五)盍與合相混：
　　盍韻「鱠」字，伯2011音安盍反，伯2015(3)音安合反，「合」字在合韻。

　　(六)銜與咸相混
　　銜韻「攙」字，斯2071音楚銜反，伯2011音楚咸反，咸字在咸韻。

　　從上面所舉的例子來看，在聲母方面，可能唐代有的地方的方音，有一些從母的字和一部分精母的字都讀爲精母，有一些並母的字和一部分幫母的字都讀爲幫母，就像現代某些地方的方音一樣。例如現代廈門話，用從母的在宗反或用精母的祖多反，切出的「賨」字都讀爲 [tsɔŋ]，用幫母的布交反或用並母的步交反，切出的「包」字都讀爲[pau]。至於照母二、三等，《伯2012守溫韻學殘卷》所載的三十字母雖然沒有分立，而我們從此卷「兩字同一韻憑切定端的例」所載「諸」字章魚反和「菹」字側魚反的對立反切，可知中晚唐以前，照母二、三等已經分化[10]。但是從緝韻「執」字，斯2071音側什反來看，唐代有的方音，照母二

―――――――――――――――
[10]此用孔仲溫氏之說，見〈敦煌守溫韻學殘卷析論〉，第三屆全國聲韻學研討會發表論文，民國七十五年(1986)七月。

、三等可能還未分化。此外，賄韻「頠」字，伯5531音呼罪反，這個以曉母字切疑母字的例子，很值得注意。現代閩南語也有幾個疑母字白話音讀爲喉擦音〔h〕的例子。例如「危」字，讀書音讀作〔gui〕而白話音「危險」的「危」讀作〔hui〕，另外還可以從《普通話閩南方言詞典》找出幾個例子：

		讀書音		白話音	
魚韻	魚	〔gu〕		〔hi〕	
泰韻	艾	〔gãi〕	〔ge〕	〔hiã〕	
寒韻	岸	〔gan〕		〔huã〕	
先韻	硯	〔gian〕		〔hĩ〕	
庚韻	額	〔gik〕		〔giaʔ〕	〔hiaʔ〕

也許唐代某個地方的方音，也有這種情形，不過現在例證太少，還必須做進一步的探討。

　　至於韻母方面，敦煌韻書的反切有用他韻之字爲下字的情形，而所用的都是鄰韻的字，如平聲脂與之、脂與微、先與仙、尤與侯、咸與銜，上聲篠與小，去聲志與未，入聲合與盍。這顯示兩韻之間，唐代有些地方是沒有分別的。法言編撰《切韻》曾經參考呂靜《韻集》、夏侯詠《韻略》、陽休之《韻略》、李季節《音譜》、杜臺卿《韻略》等，我們拿現存刊謬補缺切韻各本韻目小注所錄呂靜等五家分韻的異同來比較，可以看出上舉混同之韻，五家韻書有的也是不分的。如：

脂　呂夏侯與之微大亂雜
　　陽李杜別今依陽李杜

先　夏侯陽杜與仙
　　同呂別今依呂

尤　夏侯杜與侯
　　同呂別今依呂

咸　李與銜同夏
　　侯別今依夏侯

篠

陽李夏侯與小同
呂杜別今依呂杜

由這些小注可以看出，脂與之微大亂雜(呂、夏侯)，先仙同韻(夏侯、陽、杜)，尤侯同韻(夏侯、杜)、咸銜同韻(李)、篠小同韻(陽、李、夏侯)，這與敦煌韻書反切異文所顯現的情形一致。可見脂之、脂微、先仙、尤侯、咸銜、篠小等，從南北朝至唐，有的方音沒有分別。法言採取從分不從合的原則，將它們一一分開，就與某些地方的實際語音有距離，所以唐代的「屬文之士」才會「苦其苛細」了。

結　語

敦煌所出的韻書殘卷，雖然不甚完整，可資利用的地方也許不夠全面，但是種類較多，我們比較各本的異同，往往可以發現值得留意的研究材料。利用這些材料來探討中古音，有的可以得到一些結論，有的因為數量不多，還無法得出一定的結論，但是可以啓發我們做進一步的研究。

本文忽促成稿，有思慮不周，論證未詳之處，尚祈各位方家，不吝指正。

本文原載於1986年12月《漢學研究》第四卷第二期（總號第8號），國際敦煌學研討會論文專號，頁409-420。

敦煌寫本王梵志詩用韻研究
—兼論伯三四一八號殘卷的系統

壹　前言

　　在巴黎的法國國立圖書館、倫敦的不列顛圖書館以及蘇聯科學院東方學研究所中，收藏有不少的敦煌寫本《王梵志詩》。王梵志是一位通俗詩人，相傳生於隋末唐初[1]。他所寫的詩後來大都失傳，而這些從唐代大曆年間到北宋初年（西元771年～978年）大約二百年間的敦煌寫本，保存了三百餘首被認爲是王梵志創作的詩[2]。這些寫卷大致可分爲四個系統[3]：

　　一　上、中、下三卷本；
　　二　卷第一、卷第二、卷第三之三卷本；
　　三　一卷本；
　　四　法忍抄本。

　　這四種不同系統的抄本，沒有一首詩重複，其內容及形式也有差異，可能不是一人之作。不論如何，這些寫卷所保存的，應是唐代的作品，對研究唐代的文學和語言，深有價值。

　　敦煌寫本王梵志詩，運用了大量淺近俚俗的語言；因此，據其用韻歸納所得的韻部，也應該比較接近當時的實際語音，可作研究唐代語音的參考。又這些通俗詩是否爲一人之作？伯三四一八號殘卷是否爲《王梵志詩集》的一部分？目前有不同的看法，本文嘗試從用韻現象來探討這些問題。

---

[1] 王梵志的時代，學者有不同的看法。詳見張錫厚（1983），頁333的討論。據伯四九七八號所抄開元二十七年《王道祭楊筠文》，知王道爲王梵志之孫，生當唐玄宗之世，則王梵志至遲應爲唐初之人，亦有可能生於隋末。
[2] 這些寫卷，或題「王梵志詩集卷上」，或題「王梵志詩集卷中」，或題「王梵志詩卷第三」，或題「王梵志詩一卷」。詳見朱鳳玉（1986），頁23。
[3] 見陳慶浩（1987B），頁94。

貳 敦煌寫本王梵志詩用韻概述

本文據以分析歸納用韻的資料，取自（一）項楚《王梵志詩校注》卷一、卷二、卷三、卷四、卷五所校錄巴黎、倫敦收藏者；（二）朱鳳玉《王梵志詩研究》所校錄蘇聯藏法忍抄本。因為抄本中有些詩，不容易看出各首的分界，在這方面，《項注》的分析較為細密，據以歸納韻字時，可以精確一些；而《朱研》收錄的法忍抄本，最為完整。至於卷號的簡稱，每首詩的標題及編號，一依原書（詳目請見本文頁46所附「卷號一覽表」）。二書所校有可斟酌者，則取原卷及其他校本訂正。

上述資料，除殘損過甚，韻字不易辨識者外，計得二百六十四條韻例，取之與《廣韻》韻部對照，歸納的結果，如下表（為節省篇幅，韻譜從略）：

陽聲韻：

 （一）東[冬]鍾江部（舉平以賅上去，下同）；

 （二）陽唐部；

 （三）[蒸]登部；

 （四）庚耕清青部；

 （五）真諄文欣魂痕部；

 （六）寒桓部；

 （七）元先仙部；

 （八）侵部

 （九）覃添銜部；

陰聲韻：

 （十）支脂之微部；

 （十一）齊部；

 （十二）佳皆灰咍部；

 （十三）魚虞模部（包括有厚二韻脣音字）；

（十四）尤侯部；

（十五）蕭宵肴豪部；

（十六）歌戈部；

（十七）麻部；

入聲韻：

（一）屋沃燭覺部；

（二）藥鐸部；

（三）職德部；

（四）陌麥部；

（五）昔錫部；

（六）質術物沒部；

（七）曷末部；

（八）屑薛部；

（九）緝部。

這裏有待說明的是：

一、多韻字不見用，但由入聲燭沃合用一例，可推知多韻也應當與東鍾同用。又江韻字未見獨用之例，而與東鍾合用者四見，與陽唐合用者一見：

- 董送用講合用者
  乙一、乙二本〈愚人癡涏涏之一〉：「動（董）用（用）送（送）棒（講）」（034）
- 送董腫絳合用者
  乙一本〈暫出門前觀〉：「塚（腫）瓮（送）巷（絳）送（送）籠（董）」（071）
- 腫用送講合用者
  乙一、乙二本〈得錢自喫用〉：「用（用）重（腫）送（送）重（腫）用（用）棒（講）」（029）
- 講用董送腫合用者

乙一、乙三本〈愚人癡涬涬之二〉：「塚（腫）項[4]（講）
用（用）動（董）棒（講）送（送）用（用）」（040）
• 絳陽合用者
丁一、三、四、七、一一本〈尊人嗔約束〉：「降（絳）
長（陽）」（164　）

由此看來，江與東鍾近，去陽唐較遠，今以江歸東冬鍾爲一
部。

二、蒸韻字不見用，由入聲職德合用者五見類推，蒸登應是
同用。又登韻未見獨用之例，而登東合用者一見，鍾登合用者一
見：
• 登東合用者
丁一、三、四、五、六、七、一一本〈雙陸智人戲〉：
「能（登）通（東）」（214）
• 鍾登合用者
丁一、三、四、五、七、一一本〈耶孃行不正〉：「從
（鍾）能（登）」（163）

按：南北朝時期，登韻字或叶東部，或叶庚耕清靜部[5]，而王
梵志詩寫卷裏，登韻與東鍾合用，不叶庚耕清青，可見登與東鍾
相近。

三、寒桓二韻同用，歷南北朝至唐皆無變動。在王梵志詩寫
卷裏，寒獨用者二見，寒桓合用者十一見，而與他韻合用者，僅
見先仙寒合用者、寒覃談合用者各一例而已；再出入聲末韻獨用
者一見，曷末合用者二見，皆不雜他韻字來看，寒桓應該獨立一
部。

四、元韻字不見獨用之例，惟元仙，仙元合用者各一見，不
雜魂痕二韻字，顯示元韻已脫離魂痕而歸入先仙了。

---

[4] 項，《張輯》、《項注》並作「頏」，《朱研》作「項」。按：原卷實作「項」。
[5] 詳見何大安（1986），下冊，頁144。

　　按：南北朝時期，元與魂痕沒有分用的痕跡[6]，盛唐以後，元韻與先仙的關係漸趨密切，中唐大曆前後詩人，元多與先仙合用，貞元前後詩人，則元寒桓刪山先仙相互協用，真諄文欣魂痕相互協用[7]，足見元與魂痕的關係，已經疏遠了。

　　五、侵韻獨用者四見，惟侵韻亦有與收[-n]之陽聲韻通押者，例如：

- 真先侵合用者
  法忍抄本〈斷諸惡〉：「嗔塵姻（真）憐（先）深（侵）身（真）」（066）
- 真寒侵合用者
  法忍抄本〈多緣饒煩惱〉：「安[8]（寒）林（侵）嗔真（真）」（090）
- 痕侵合用者
  丁一、三、五、四、六、七、一一本〈有恩須報上〉：「恩（痕）尋（侵）」（217）
- 侵真合用者
  戊一、戊二本〈前人敬吾重〉：「深尋金（侵）人（真）」（255）

　　按：僅此四例，尚未能確定侵韻韻尾[-m]是否已變為[-n]。法忍抄本抄於大曆六年（西元771年），是以侵韻韻尾[-m]，在大曆六年以前已顯現消變之迹。

　　侵韻自南北朝至唐以獨用者居多，故獨立一部。

　　六、齊韻獨用者僅一見，其與他韻合用之例如下：

---

[6] 詳見王力（1936），頁41。

[7] 詳見耿志堅（1990）的討論。

[8] 陳慶浩《初校》作「省事得心安」，《朱研》同。項楚《補校》云：「『安』字出韻，應乙在『心』上作『安心』。」按：敦煌變文〈大目乾連冥間救母變文并圖一卷并序〉以寒韻「檀」字與真韻「親人神」為韻，則此首以寒韻「安」字與真韻「嗔真」為韻，並不失韻。

- 支齊之合用者
  法忍抄本〈人心不可識〉:「知(支)藜(齊)兒(支)慈(之)」(063)
- 旨尾薺志合用者
  戊一本《暫時自來生》:「死(旨)鬼(尾)米(薺)事(志)」(281)
- 止旨薺合用者
  戊一本〈吾家昔富有〉:「死(旨)似你(之)底(薺)」(293)
- 齊微合用者
  丁一、三、四、五、七、一〇本〈耶孃年七十〉:「西(齊)違(微)」(166)
- 齊灰佳皆咍合用者
  戊一、戊二本〈貧窮田舍漢〉:「栖妻犁(齊)柴(佳)齋(皆)催(灰)開(咍)鞋(皆)灰(灰)扠⁹(佳)來(咍)陪(灰)妻(齊)災(咍)枚(灰)」(270)
- 薺駭蟹合用者
  法忍抄本〈自有無用身〉:「體(薺)駭(駭)解(蟹)禮(薺)」(092)
- 賄代海霽合用者
  乙一、乙二本〈受報人中生〉:「罪(賄)袋(代)改(海)悔(賄)婿(霽)」(033)
- 咍灰齊佳皆合用者
  乙一本〈好住四合院〉:「妻(齊)摧(灰)鞋(佳)

---

⁹ 扠,《張輯》、《項注》並作「搓」。按:戊一本作「扠」;戊二木作「摅」。《廣韻》上平聲十三佳:「扠,以拳加入,亦作摅。丑佳切。」又上平聲十四皆:「摅,以拳加物。丑皆切。」按:「摅」即「摅」之俗譌。作「扠」作「摅」,皆與其他各字韻叶。

來（咍）齋（皆）陪（灰）財臺（咍）」（072）

由此看來，齊與支之、脂微之、之脂、微諸韻分別合用者凡四例，其與佳皆咍、皆佳、灰咍、咍灰佳皆諸韻分別合用者凡四例；是以齊韻應歸支脂之微，或歸佳皆灰咍，難以確定。

按：初、盛唐時期，齊韻獨用，其與他韻合用者僅二見。一爲止薺合用（張九齡〈登古陽雲臺〉）；一爲支之微齊合用（杜甫〈詠懷〉）。中唐時期，齊韻亦多取獨用之勢，其與支脂之微合用者增多，顯示讀音已漸趨一致。惟大曆詩人顧況、元和詩人李賀、白居易多爲齊皆灰咍合用。耿志堅認爲，如果不是作者有意仿古，就是他們的讀音之中，保存了古音。

齊韻在唐詩中既然多爲獨用，而《廣韻》上平聲韻目「齊第十二」下亦注明「獨用」。因此，齊韻暫且獨立爲一部，其與他部叶用者，均視爲合韻。

七、魚虞模三韻字，數與尤侯二韻字合用：
- 語厚姥合用者
  乙一、乙三本〈一種同翁兒〉：「女（語）母（厚）語（語）母（厚）肚（姥）」（041）
- 語姥厚有寠合用者
  乙一本〈兄弟義居活〉：「女（語）補（姥）去處（語）母（厚）婦（有）父（寠）」（077）
- 遇姥暮厚語合用者
  乙一、乙三本〈用錢索新婦〉：「故（暮）母（厚）付（遇）戶肚（姥）住（遇）汝（語）」（039）
- 暮遇有姥御候合用者
  乙一、乙二、乙三本〈家中漸漸貧〉：「婦（有）肚（姥）具（遇）袴（暮）去（御）慕（暮）鬥（候）妒[10]（暮）

---

[10] 妒，原作「妬」。《項注》云：「《周強獨樂造像》『妒』作『姤』，稍加變異即爲『妬』矣。」

住（遇）」（038）

- 厚姥有語合用者

乙一、乙三本〈你若是好兒〉:「母（厚）不（有）戶（姥）
與（語）母（厚）戶（姥）」（042）

- 厚有語姥暮合用者

乙一、乙三本〈只見母憐兒〉:「母（厚）醜（有）語（語）
土（姥）護（暮）」（043）

- 姥語御有厚合用者

戊一、戊二本〈夫婦生五男〉:「女（語）處（語）婦（有）
袴（暮）五（姥）母（厚）肚（姥）弄[11]（御）虎（姥）
處（姥）苦（姥）」（264）

- 尤虞侯合用者

戊一、戊二本〈父母怜男女〉:「珠（虞）頭（侯）休丘
愁秋憂由（尤）」（271）

- 厚有宥語夬緝合用者

戊一、戊二本〈心恒更願取〉:「取（夬）皺（宥）語（語）
口（厚）急（緝）醜（有）酒（有）走（厚）首（有）
狗口（厚）手（有）」（268）

以上有韻「婦」「不」二字、厚韻「母」字皆爲脣音字，而不
與尤侯上去聲字協用，可見此三字已歸入魚虞模韻。

八、入聲韻陌麥與昔錫未見合用之例，雖然與庚耕清青合用
之例不相應，暫且分爲二部。

參　從用韻現象論伯三四一八號殘卷的系統及其他

敦煌寫本王梵志詩大致可分爲四個系統，前面已述及。惟伯

---

[11] 《項注》云:「『弄』原作『㳒』，戊二本作『弃』，皆爲『弄』之譌。」

三四一八（戊一本）、伯三七二四（戊二本）、斯六〇三二（戊三本）因為首尾題記殘缺，不易確定是否為《王梵志詩集》之一部分。

　　伯三四一八是比較完整的寫卷，有些學者就拿它來和《王梵志詩集》比對，探究其間的關係。入矢義高的《論王梵志》曾經設想:「伯三四一八和伯三二一一在內容和形式上都和王梵志詩極為相似，特別是酷似斯〇七七八所載的詩。」[12]戴密微的《漢學論著選讀·中國語言和文學》也從伯三四一八和伯三二一一的形式、音韻、語言、成語用法、主題和內容等方面，懷疑這些五言通俗詩也屬於《王梵志詩集》，尤其是伯三四一八更接近「王梵志詩集卷中」[13]。張錫厚的「敦煌寫本伯三四一八王梵志詩考辨」從思想內容、表現形式、以及詩中所反映的作者家世、生平、思想等方面考證，認為:「伯三四一八『白話詩』是王梵志所作的推斷是可信的，同時也可以確認伯三四一八『白話詩』是王梵志詩集的一部分。至於這個寫本在王梵志詩集中的卷次，還要由今後發現的王梵志詩來確定。」[14]《朱研》也從外在的形式及內在的思想、內容、主題等方面，推論說:「伯三四一八、伯三七二四、斯六〇三二本為王梵志詩，只因為他們現在是殘卷，首尾題記均不見，以致無法知道他們係屬於『卷上、中、下』或『卷一、二、三』的那部份，今姑且看成另一系統。」（頁138）但是陳慶浩《法忍抄本殘卷王梵志詩書後》將這三個寫本與列二八五一歸為「疑似王梵志體詩卷」，他說:「按此四件一般均編入王梵志詩中，且用作判定王梵志時代之重要資料，但我以為沒有確實證據，還是存疑好，如編王梵志詩集，作為附錄是可以的。」（頁89注①）

---

[13] 同註12。
[14] 同註12，頁325。

　　由以上諸說，我們知道伯三四一八「白話詩」是否爲《王梵志詩集》的一部份，存有不同的看法；又這個寫本在《王梵志詩集》中的卷次，也不能確定。這些問題，可以從用韻現象來探討：

　　一、尤侯韻上去聲脣音「婦」「不」「母」三字與魚虞模韻上去聲字合用的現象，都集中在乙一本、乙二本、乙三本及戊一本、戊二本（韻例見上文）。雖然這種用韻現象，戊一本、戊二本僅見於〈夫婦生五男〉（264）一首，但是這首詩與乙一本的〈兄弟義居活〉（077）一首，有兩句詩大致相同；〈兄弟義居活〉云：「兒大與娶妻，女大須嫁去。」〈夫婦生五男〉云：「兒大須娶妻，女大須嫁處。」這兩首詩的押韻與詞語的運用甚爲一致，可能出於一人之手。

　　二、再從有韻「醜」字，麌韻「取」字，虞韻「珠」字的用韻情形來看：

- 乙一，乙三本〈只見母憐兒〉：「母（厚）醜（有）語（語）土（姥）護（暮）」（043）
- 戊一，戊二本〈心恆更願取〉：「取（麌）皺（宥）語（語）口（厚）急 （緝）醜 （有）酒（有）走（厚）首（有）狗口（厚）手（有）」（268）
- 丙一本〈不知愁大小〉：「醜（有）狗（厚）酒（有）走（厚）」（122）；〈自死與鳥殘〉：「恕筋慮（御）取（麌）」（109）
- 戊一、戊二本〈父母怜男女〉：「珠（虞）頭（侯）休丘愁秋憂由（尤）」（271）
- 丁一、二、三、四、五、六、七、一一本〈貧人莫簡弃〉：「呼（模）珠（虞）」（211）
- 法忍抄本〈大丈夫〉：「夫（虞）途（模）無俱珠（虞）」（106）

　　有韻「醜」字，乙本與語韻「語」字、姥韻「土」字、暮韻「護」字為韻；而戊一本、戊二本與虞韻「取」字、語韻「語」字為韻，正與乙本用韻情形相應，惟丙本僅與本部字押，不雜他韻字；「取」字亦與本部字押，不雜他韻字，皆與乙本及戊本不相應。

　　虞韻「珠」字，戊一、戊二本與尤侯韻字合用；而丁本、法忍抄本僅與本部字押，不雜他韻字，皆與戊本不相應。

　　據此，戊一、戊二本的系統應該與乙本（卷中本）相近，而去丙一本（卷三本）、丁本（一卷本）、法忍抄本較遠。

　　戴密微懷疑這些通俗詩也屬於《王梵志詩集》，尤其伯三四一八更接近「王梵志詩集卷中」。由以上兩點論證來看，他的話是對的。

　　現存四系統抄本王梵志詩，彼此之間的差異，令人懷疑不是一人之作。我們從用韻現象來看，由上舉的例子，也可以看出各本用韻的差異。如果是一人之作，那麼「醜」「取」「珠」三字就不會出現兩種押韻現象。現在再舉江韻與東冬鍾或陽唐合用之例來看：

　　東冬鍾江合用者四例，都集中在乙一、乙二、乙三本；江陽合用者一例，見於丁一、丁二、丁四、丁五、丁一一本；藥覺合用者一例，見於丙一本。（除藥覺合用者一例外，其餘韻例見上文。）

　　按：王力《南北朝詩人用韻考》云：「在南北朝第一期，東冬鍾江是同用的。……南北朝第一二兩期的江陽韻是顯然劃分的。到了第三期，江陽在更大的地域裡實際混合了。」（漢語史論文集，頁30）

　　據耿志堅《中唐詩人用韻考》的分析，初、盛唐都是東冬鍾江合用；中唐以後，大曆詩人僅見江陽唐合用之例，未有東冬鍾江合用者；而貞元及元和詩人，江陽唐合用之例，遠逾東冬鍾江

合用者，顯示多數詩人，江陽唐是不分的。

可見江或歸東冬鍾，或歸陽唐，因時代的不同而有差異。乙本東冬鍾江合用，與南北朝第一期及初、盛唐詩人用韻相合；丁本江陽合用，丙一本藥覺合用，與南北朝第三期及中唐以後的詩人用韻相合。如果這些詩是一人所作，江韻就不可能同時與東冬鍾及陽唐為韻。也許有人會認為貞元詩人柳宗元、張籍，元和詩人白居易、李賀，他們都是同時出現了這兩種押韻現象，所以王梵志也可能如此用韻，但是我們要知道，這些詩人以東冬鍾江為韻，可能是有意仿古、王梵志是一位民間通俗詩人，仿古的可能性不大，況且東冬鍾江合用的現象都集中於乙本，顯示乙本的作者，可能與丁本、丙一本不是同一人。

此四系統抄本的王梵志詩，既然不是一人之作，為何都稱為王梵志詩？陳慶浩《法忍抄本殘卷王梵志詩書後》云：「我想梵志詩在這裏，應作梵志體的詩來了解。……梵志體詩的創始者是王梵志，……是位活動於唐初的詩人，但不同系統的詩，可能有不同的作者，那是在梵志體詩廣為流行以後的作品，其思想風格各別，皆稱為梵志體詩。」（頁96）他的話不無道理。

肆 結 語

從敦煌王梵志詩的用韻，可看出唐代方音的若干音變現象。例如：

一 元韻已脫離魂痕而歸入先仙；
二 侵韻韻尾[-m]，至遲在大曆六年（西元771年）以前已顯露消變之迹；
三 尤侯韻的上去聲脣音字已歸入魚虞模的上去聲。

又從用韻現象的異同，可以推斷伯三四一八號殘卷的系統與卷中本相近，以及現存四系統抄本的王梵志詩可能不是一人之

作。

　　此外，可探討之處尚有許多，容俟他日，續加研究，並祈方
家不吝指正。

　　後記：這是1990年6月在香港浸會學院舉行的「中國聲韻學國際學
術研討會」宣讀的論文。今據初稿修訂，改正若干疏漏之處。承蒙林聰
明、魯國堯、何大安、耿志堅諸位教授提供寶貴資料或意見，謹此誌謝
。

　　本文原載於1991年3月《東吳文史學報》No.9，37-49頁。

附　表

《項注》所校錄敦煌寫本王梵志詩卷號一覽表

卷別	原卷編號	簡　稱	起訖首數	每卷首數
卷 上	斯0778	甲　一	001~019	20
	斯5796	甲　二	001~003	
	斯5474	甲　三	003~007	
	斯1399	甲　四	005~020	
卷 中	伯3211	乙　一	024~079	59
	斯5441	乙　二	021~038	
	斯5641	乙　三	038~065	
卷第 三	伯3833	丙　一	080~130	72
	伯2914	丙　二	129~151	
一 卷 本	伯2718	丁　一	152~243	92
	伯3266	丁　二	170~212	
	伯3558	丁　三	152~243	
	伯3716	丁　四	152~243	
	斯3656	丁　五	152~243	
	斯2710	丁　六	179~243	
	斯3393	丁　七	152~243	
	斯5794	丁　八	198~209	
	伯4669	丁　九	171~198	
	伯2842	丁　十	152~166	
	伯4094	丁一一	170~212	
	伯2607	丁一二	152	
	伯3418	戊　一	244~295	52
	伯3724	戊　一	250~277	
	斯6032	戊　一	274~279	

《朱研》所校錄法忍抄本王梵志詩卷號一覽表

卷別	原卷編號	起訖首數	每卷首數
法　忍	斯4277	46~68	68
抄　本	列1456	69~113	

引用及參考書目

丁邦新
　1975　《魏晉音韻研究》，中央研究院歷史語言研究所專刊之
　　　　六十五。
　1990　「聲韻學知識用於推斷文學作品時代及其真僞之限度」，
　　　　中國聲韻學國際學術研討會暨第八屆全國聲韻學學術研
　　　　討會論文，臺北。
王　力
　1936　「南北朝詩人用韻考」，清華學報十一卷三期；又收入
　　　　《漢語史論文集》頁1至59。（本文所據者爲後者）。
朱鳳玉
　1986　《王梵志詩研究》（二冊），臺灣學生書局。
李　榮
　1961　「隋韻譜」，《音韻存稿》頁一三五至二〇九，商務印書
　　　　館，北京。
何大安
　1986　《南北朝韻部演變研究》（二冊），國立臺灣大學中國文
　　　　學研究所博士論文
林炯陽
　1972　「魏晉詩韻考」，國立臺灣師範大學國文研究所集刊第
　　　　十六期，頁1105至1202。

周法高
　1975　「玄應反切考」，《中國語言學論文集》頁153至179，
　　　　聯經出版事業公司。
耿志堅
　1983　《唐代近體詩用韻研究》，國立政治大學中國文學研究
　　　　所博士論文。
　1987　「初唐詩人用韻考」，國立臺灣教育學院語文教育研究
　　　　集刊第六期，頁21至58。
　1989　「盛唐詩人用韻考」，教育學院學報第十四期，頁127至
　　　　160。
　1990　《中唐詩人用韻考》，東府出版社。
張錫厚
　1983　《王梵志詩校輯》，中華書局，北京。
陳慶浩
　1987A　「法忍抄本王梵志詩初校」，敦煌學第十二輯，頁83
　　　　至88。
　1987B　「法忍抄本殘卷王梵志詩書後」，敦煌學第十二輯，
　　　　頁89至97。
都興宙
　1986　「王梵志詩用韻考」，蘭州大學學報，1986第一期。
項　楚
　1987　「王梵志詩校注」，敦煌吐魯番文獻研究論集，第四輯
　　　　，頁129至623，北京。
　1988　「王梵志的一組佛教哲理詩（校釋與評論）」，敦煌研究
　　　　，1988年第一期。
　1988　「列一四五六號王梵志詩殘卷補校」，中國敦煌吐魯番
　　　　學術討論會論文，北京。

郭在貽
　1988　「敦煌寫本王梵志詩匯校」，敦煌語言文學論文集，
　　　　　頁312至410，浙江古籍出版社。
潘重規
　1974　《瀛涯敦煌韻輯新編》，文史哲出版社。
　1978　《敦煌俗字譜》，石門圖書公司。
　1980　《龍龕手鑑新編》，石門圖書公司。
　1984　「簡論王梵志詩校輯」，中央日報十版，文藝評論21期
劉瑞明
　1987　「王梵志詩校註置辨」，敦煌研究，1987年第四期，
　　　　　頁71至77。
　1989　「王梵志年代新擬」，敦煌研究，1989年第一期，頁81
　　　　　至89。
羅常培
　1932　《唐五代西北方音》，國立中央研究院歷史語言研究所
　　　　　單刊甲種之十二，上海。
　1958　《漢魏晉南北朝韻部演變研究》（第一分冊），科學出版
　　　　　社，北京。
羅宗濤
　1967　《敦煌變文用韻考》，眾人出版社。
　1972　《敦煌講經變文研究》，國立政治大學中文研究所博士
　　　　　論文。
黃　征
　1988　「《王梵志詩校輯》商補」，敦煌研究，1988年第四期，
　　　　　頁78至84。

敦煌寫本王梵志詩「卷中」本用韻考

壹　前言

　　敦煌所出寫本殘卷王梵志詩，保存了三百餘首相傳爲王梵志創作的詩，對於研究唐代文學和語言，深有價值。但是關於王梵志生卒年代以及這些詩歌創作的時期，目前仍眾說紛紜。

　　根據寫卷的題記，敦煌所出王梵志詩可區分爲五種寫本：

　　（一）「卷上」本；
　　（二）「卷中」本；
　　（三）「卷第三」本；
　　（四）「一卷本」；
　　（五）法忍抄本。

1987年，陳慶浩博士在《法忍抄本殘卷王梵志詩書後》中，將上述五種寫本歸納爲四個系統：

　　（一）上中下三卷本；
　　（二）卷第一、卷第二、卷第三之三卷本；
　　（三）一卷本；
　　（四）法忍抄本。

他並且提出「各本王梵志詩不是一人創作的設想」。

　　其後，本人承蒙陳先生提示，嘗試以用韻現象來驗證此說，於是撰成《敦煌寫本王梵志詩用韻研究─兼論伯三四一八號殘卷的系統》一文，依據用韻特徵的異同，證明敦煌所出王梵志詩不是一人之作，而《伯三四一八》號殘卷的系統與卷中本相近。但是，那篇論文將各本用韻現象放在同一平面來研究，而各本用韻的異同，並未全面比較。

其實各本王梵志詩既然不是一人之作，則其用韻，應該分別研究，不能混爲一談。

本文先以「卷中」本爲研究對象。「卷中」本包括《伯三二一一》號、《斯五四四一》號、《斯五六四一》號三個殘卷。《斯五四四一》首題：「王梵志詩集卷中」，而《伯三二一一》、《斯五六四一》，據其內容推定，亦屬「卷中」本系統。

關於卷中本創作的時期，趙和平、鄧文寬《敦煌寫本王梵志詩校注》根據《伯三四一八》、《伯三二一一》王梵志詩所反映的社會歷史現象，認爲：「這些詩反映的社會歷史現象，起于唐初武德四年，止於開元二十六年。詩人王梵志也必然活動於這個時期。」項楚在《王梵志詩論》中，同意此說，又進一步以王梵志詩所反映的宗教問題、法治問題、宗教思想等，估計「三卷本王梵志詩集中的作品，主要創作在初唐時期，特別是武則天時期。它編輯成集，大約是在武周晚期，最晚不會是在開元以後。」趙、項二氏的說法，我們是可以根據「卷中」本用韻的特徵來驗證。本文所做的是第一步工作，僅就「卷中」本的用韻現象，加以客觀的描述，至於利用「卷中」本用韻的特徵以推斷其創作年代，則另文論之。

貳　敦煌寫本王梵志詩卷中本韻譜

一　凡例

（一）韻譜根據的材料，以項楚《王梵志詩校注》卷二所錄《伯三二一一》（簡稱乙一本）、《斯五四四一》（簡稱乙二本）、《斯五六四一》（簡稱乙三本）王梵志詩爲本。凡五十九首。項氏所錄有可斟酌者，則取原卷顯微膠卷及其他校本參證。

（二）韻譜所錄王梵志詩各首用韻之例，首舉韻字，其次爲項氏原書所編之標題、編號及卷號簡稱。

（三）韻譜以韻攝爲單位，每攝之下，首標《廣韻》見用之韻字，

《廣韻》不收之音讀　，　則據其他韻書考訂之。其次爲韻譜；其韻例之安排，依《廣韻》韻次爲序。

　　（四）原卷殘缺或漫漶難識的韻字，以☐號表之。可疑者框以〔　〕號。

二　韻譜

　　（一）通攝、江攝

　1　通攝韻字

　　東部

　　平・東—風$_1$　忩$_1$　空$_1$

　　上・董—動$_2$　籠$_1$

　　去・送—送$_4$　㳋$_2$　甕$_1$

　　入・屋—屋$_1$　哭$_1$

　　鍾部

　　上・腫—塚$_2$　重$_2$

　　去・用—用$_5$

　　入・燭—燭$_2$　足$_1$　曲$_1$　錄$_1$　束$_1$

　2　江攝韻字

　　江部

　　上・講—棒$_3$　項$_1$

　　去・絳—巷$_1$

　　入・覺—提$_1$　䎱$_1$

　3　通攝韻譜

　　燭屋合用

　　　燭屋〈身如內架堂〉（063）（乙一、乙二）

　4　通攝與江攝合用韻譜

　　　送董用講合用

　　　　　涳¹動用送棒〈愚人癡涳涳之一〉（034）（乙一、乙二）
　　　　送腫絳董合用
　　　　　塚瓮巷送籠〈暫出門前觀〉（071）（乙一）
　　　　送講用腫董合用
　　　　　涳塚項¹用棒送用〈愚人癡涳涳之二〉（040）（乙一、乙三）
　　　　用腫送講合用
　　　　　用重送重用棒（得錢自喫用）（029）（乙一、乙二）
　　　　燭覺合用
　　　　　捉足曲錄束（地下湏夫急）（073）（乙一）
　5　江攝與通攝合用韻譜
　　　覺燭屋合用
　　　　　燭哭（生坐四合舍）（068）（乙一）
　6　通攝與臻攝合用韻諧
　　　東文合用
　　　　　風忿君空（來如塵暫起）（076）（乙一）

　　按：通攝各部字未見獨用者，內部互押者僅見燭屋合用一例，其
餘皆與江攝字合用，共有五例。江攝字與通攝字合用者一見，未見獨
用者或與通攝之外其他各攝合用之例。又通攝東韻與臻攝文韻合用者
一見，敦煌變文亦有相似之例，如〈降魔變文〉以東鍾魂三韻合用，〈佛
說阿彌陀講經變文之四〉以多文魂三韻合用皆是。（詳見羅宗濤，1972
年，頁485。）

　　（二）止攝
　1　止攝韻字

---

¹ 「涳」，《集韻》去聲一送：「苦貢切」《廣韻》上平聲一東：「苦江切」，又上平聲四
江：「苦江切」。此從《集韻》。
² 「項」張錫厚《王梵志詩校輯》（以下根據《張輯》）、《項注》並作「頂」。朱鳳玉
《王梵志詩研究》（以下簡稱《朱研》作「項」。按原卷實作「項」。

支部

平・支一知₂兒₂時₂儀₁炊₁宜₁爲₁癡₁期₁

上・紙一被₂婢₁是₁

去・寘一睡₁

脂部

平・脂一飢₃維₁師₁

上・旨一死₅

去・至一地₂淚₁二₁

之部

平・之一持₁

上・止一子₇使₃恥₃你₂裏₁起₁戲₁

去・志一字₂事₂

微部

平・微一衣₅希₁肥₁

上・尾一鬼₃

去・未一貴₂氣₁費₁

2　止攝韻譜

支脂微之合用

　　尼儀衣維知持衣飢炊³宜希飢肥爲〈寺內數個尼〉（026）（乙一、乙二）

支微之脂合用

　　兒知衣時飢衣〈有錢索新婦〉（054）（乙一、乙三）

之脂合用

　　癡時期師〈杌杌貪生業〉(035)（乙一、乙二）

---

³ 《項注》云：「『炊』原闕，《掇瑣》作『吹』，乙二本作『吠』，《校輯》作『安』。按乙本『吠』爲『吹』之譌，『吹』又『炊』之譌，《變文集・難陀出家緣起》：「難陀家內常吹（炊）七瓮知香飯。」

　　止志支旨合用
　　　兒子字事子子死〈本是達官兒〉（050）（乙一、乙三）
　　止旨至尾合用
　　　子死淚你鬼〈怨家煞人賊〉（075）（乙一）
　　止微未紙合用
　　　衣子裏貴被〈家貧無好衣〉(064)（乙一、乙三）
　　止紙未至旨合用
　　　使婢恥你氣使地死恥止子[4]〈工匠莫學巧〉(055)（乙一、乙二）
　　止至志真紙旨尾合用
　　　二字子被睡起戲地事使死恥鬼〈世間慵懶人〉（037）（乙一、
　　乙二）
　　未紙尾旨合用
　　　貴是費[5]鬼死〈世間何物貴〉（036）（乙一、乙二）

　　按：止攝各部字互押，未見獨用或與他攝字合用者。止攝各部字
互押共有九例：脂之二部合用者一見，支脂之三部合用者一見，支脂
微三部合用者一見，支之微三部合用者一見，脂之微三部合用者一見，
支脂之微四部合用者四見。

　　（三）遇攝、流攝（尤侯二部上去聲字）
　1　遇攝韻字
　　魚部
　　平・魚—疏₁ 居₁
　　上・語—女₅ 與₂ 汝₂ 語₁
　　去・御—去₂ 處₁

---

[4]　「狼多年數少，其畜惡兒子」二句，《朱研》歸爲此首末二句。按「子」與「使恥
你」諸字協韻，《朱研》是也，茲從之。

[5]　《項注》云：「『費』原殘，存下半。乙二本作『莫』。茲從《掇瑣》。《校輯》作『費』。」

虞部

平・虞—無₁ 扶₁

上・姥—主₁ 父₁

去・遇—住₂ 具₁ 付₁

模部

上・姥—肚₃ 戶₃ 補₁ 土₁

去・暮—護₂ 袴₁ 慕₁ 妒₁ 悞₁ 故₁

2　流攝尤侯二部上去聲韻字

尤部

上・有—婦₄ 不₁ 醜₁

去・宥—覆₁

侯部

上・厚—母₆

去・候—鬭₁

3　遇攝韻譜

語獨用

　　女許與女語汝〈父母生男女〉(044)（乙一、乙三）

虞魚合用

　　無扶疏居〈近逢窮業至〉(079)（乙一）

姥麌合用

　　肚〔主〕⁶〈道人頭兀雷〉(025)（乙一、乙二）

4　遇攝上去聲與流攝尤侯二部上去聲合用韻譜

　　語厚姥合用

　　　女母語母肚〈一種同翁兒〉(041)（乙一、乙三）

　　御語姥厚有夔合用

　　　女補去處母婦父〈兄弟義居活〉(077)（乙一）

　　遇姥有暮厚語合用

　　　婦故母付戶肚住汝〈用錢索新婦〉(039)（乙一、乙三）

　　暮遇有姥御候合用

　　　婦肚具袴去慕鬥妒[7]住〈家中漸漸貧〉(038)（乙一、乙二、乙三）

5　流攝尤侯二部上聲與遇攝魚模二部上聲合用韻譜

　　厚姥有語合用

　　　母不戶與母戶〈你若是好兒〉(042)（乙一、乙三）

　　厚有語姥暮合用

　　　母醜語土技護〈只見母憐兒〉(043)（乙一、乙三）

6　遇攝上去聲與流攝去聲及通攝入聲合用韻譜

　　暮語屋宥合用

　　　女屋覆護悮〈見有愚癡君〉(066)（乙一、乙三）

　　按：遇攝字獨用者，僅見上聲語韻獨用一例；其合用者，魚虞二部平聲合用者一見，虞模二部上聲合用者一見。遇攝上去聲與流攝尤侯二部上去聲互押者，共有七例，其互押之字，流攝主要為唇音「母婦不覆」四字。

　　（四）流攝

　1　流攝韻字

　　尤部

　　平・尤一愁₁休₁收₁流₁

---

[7]　「妒」原作『妔』。『妔』為「妒」之變體。見《項注》第三十八首校語。

2　流攝韻譜

　尤獨用

　　愁休收流〈說錢心即喜〉(070)（乙一）

按：流攝幽部字未見用。流攝字獨用者，僅尤部平聲獨用一例，而尤侯二部上去聲字皆與遇攝上去聲字合用。

（五）蟹攝

1　蟹攝韻字

　齊部

　平・齊—妻₁

　去・霽— 　₁

　皆部

　平・皆—鞋₁齋₁

　灰部

　平・灰—摧₁

　上・賄—罪₁悔₁

　咍部

　平・咍—來₁陪₁財₁臺₁

　上・海—改₁

　去・代—袋₁

2　蟹攝韻譜

　咍灰皆齊合用

　　妻摧[8]鞋霑齋陪財全臺〈好住四合舍〉(072)（乙一）

　賄代海霽合用

────────────────

8　「摧」，《項注》，作「催」，云：「『催』原作『摧』從《掇瑣》所錄。」《朱研》作「摧」云：「『催』原作『摧』，意自可通，不煩改字。」按：原卷實作「摧」。茲從《朱研》所錄。

　　　　罪袋改悔婿〈受報人中生〉(033)（乙一、乙二）

　　按：蟹攝字未見獨用之例。其合用者，齊皆灰咍四部平聲字合用者一見，齊灰咍三部上去聲字合用者一見。未見與他攝字合用者。

（六）臻攝

1　臻攝韻字

　　真部

　　入・質一唧₁

　　諄部

　　入・術一出₅

　　文部

　　入・物一佛₂ 物₁

　　魂部

　　入・沒一窟₂ 骨₂ 忽₂

2　臻攝韻譜

　　沒獨用

　　　　肯忽〈孝是前身緣〉(045)（乙一、乙三）

　　術物沒合用

　　　　出佛出物忽出〈道人頭兀雷〉(025)（乙一、乙二）

3　臻攝與通攝合用韻譜

　　沒屋物術貨合用

　　　　速佛出沒窟唧〈狼多年數少〉⁹(056)（乙一、乙三）

4　臻攝與深攝合用韻譜

　　沒術緝合用

─────────────────────

⁹《項注》以「狼多年數少，莫畜惡兒子。」為此詩首二句，惟「子」與「速佛出沒窟」諸字不叶韻。《朱研》以此二句為《項注》第五十五首〈工匠莫學巧〉之末二句。（參見附注4）

骨窟出泣〈身如破皮袋〉(061)（乙一、乙三）

按：臻攝平上去聲登字未見用。魂部入聲沒韻獨用者一見，諄文魂三部入聲術物沒合用者一見。臻攝入聲與他攝入聲合用者，有臻攝魂諄二部入聲沒術二韻與深攝侵長部入聲緝韻合用者一例；又臻攝真諄文魂四部入聲登質術物沒四韻與通攝東部入聲屋韻合用者一例，此與通攝東韻與臻攝文韻合用者一例，平入相應。

（七）山攝

1　山攝韻字

寒部

平・寒—看₄　湌₂　難₂　單₁　安₁　寒₁

桓部

平・桓—官₂　般₂　鑽₁　冠₁

2　山攝韻譜

寒桓合用

官冠單般湌安難看寒〈觀內有婦人〉(024)（乙一、乙二）

官湌看般難鑽看看〈當鄉何物貴〉(030)（乙一、乙二）

按：山攝寒桓二韻互押者二見，不離他攝字。

（八）效攝

1　效攝韻字

宵部

上・小—少₁　小₁

肴部

上・巧—飽₁

豪部

上・皓—道₄　老₃　草₂　惱₂　倒₁　保₁　寶₁　好₁

去・號—到₁　竈₁

2　效攝韻譜

皓號合用

　老道宵到道惱〈虛霑一百年之二〉(078)（乙一）

皓小合用

　老少草惱〈人生一代間〉(032)（乙一、乙二）

　老小草倒保道〈虛霑一年年之一〉(069)（乙一）

皓號巧合用

　好道竈飽〈你道生時樂〉(060)（乙一、乙三）

　　按：效攝蕭部字未見用，豪部上去聲互押者一見，豪宵二部合用者一見，豪肴二部合用者一見，皆不離他攝字。

（九）果攝

1　果攝韻字

歌部

上・哿－我₂

去・箇－箇₂

戈部

平・戈－和₁

上・果－坐₂禍₁

去・過－過₂破₁臥₁貨₁

2　果攝韻譜

哿果過合用

　我坐破〈自生遠自死〉(047)（乙一、乙三）

過果哿合用

　過臥禍我〈生即巧風吹〉(027)（乙一、乙二）

3　果攝與蟹攝合用韻譜

過果箇戈海合用

坐箇貨和[10]過倍[11]〈興生市郭兒〉(051)（乙一、乙三）

按：果攝歌戈二部上去聲字互押者二見。又果攝歌部去聲字及戈部平、上、去聲字與蟹攝咍部上聲海韻合用者一見，敦煌變文亦有此例，如〈金剛般若波羅密經講經文〉以歌咍二韻合用者三見，〈大目乾連冥間救母變文并圖一卷并序〉以果賄代三韻合用者一見，皆是也。(詳見羅宗濤，1972年，頁485。)

（十）假攝

1　假攝韻字

麻部

去・禡—怕₁舍₁

2　假攝韻譜

禡獨用

怕舍〈身臥空堂內〉(059)（乙一、乙三）

按：假攝僅見麻部去聲　韻獨用一例。

（十一）宕攝

1　宕攝韻字

陽部

平・陽—方₁揚₁強₁長₁裳₁陽₁娘₁常₁防₁箱₁

上・養—養、杖、長、

去・漾—上、放、

入・藥—著、

唐部

平・唐—堂₂黃₂湯、光、頏、

上・蕩—胱、

去・宕—當、

入・鐸—薄、莫、

2 宕攝韻譜

陽唐合用

　　方黃堂揚強長裳湯堂〈道士頭側方〉(023)（乙二、乙一）

　　光黃陽口娘常〈奉使親監鑄〉(074)（乙一）

藥鐸合用

　　著薄著莫〈借貸不交通〉(022)（乙二、乙一）

3 宕攝與梗攝合用韻譜

養漾陽宕勁蕩唐合用

　　上防養杖當正胱[12]長箱[13]頏放〈佐史非臺補〉(028)（乙一、乙二）

按：宕攝字未見獨用者，而陽唐二部互押者三見。又陽唐二部平上去聲字與梗攝去聲清部勁韻字合用者一見，敦煌變文用韻亦有類似之例，如〈維摩詰經講經文之六〉以陽唐清三韻合用是也。（詳見羅宗濤，

---

[12] 「火急捉將來，險語唯須胱。」《P3211》(乙一本)作「胱」，《S5441》(乙二本)作「眺」。《朱研》據《龍龕手鑑新編》考知「眺」「胱」即今之「晃」字。按「胱」《廣韻》作「晄」為「晃」之或體。《廣韻》上聲三十七蕩：「晃，明也，暉也、光也。亦作晄。胡廣切。

[13] 「箱」，乙一本作「想」，乙二本作「箱」。《項注》改作「餉」。按作「箱」義亦可通，茲從乙本。《張輯》、《朱研》皆作「箱」。

1972 年，頁 496。)

（十二）梗攝

1 梗攝韻字

庚部

平・庚—行$_6$生$_5$明$_4$迎$_1$榮$_1$坑$_1$驚$_1$盲$_1$兵$_1$擎$_1$兄$_1$

入・陌—客$_2$宅$_1$柏$_1$陌$_1$

耕部

平・耕—諍$_4$

入・麥—摘$_1$厄$_1$擘$_1$

清部

平・清—聲$_1$名$_1$

入・昔—益$_1$跡$_1$惜$_1$

青部

平・青—瓶$_1$傍$_1$

入・錫—喫$_2$覓$_2$

2 梗攝韻譜

庚獨用

明生行生迎榮坑〈世間日月明〉(057)（乙一、乙三）

行生驚盲坑明〈生住無常界〉(049)（乙一、乙二）

庚耕合用

兵行生諍[14]〈天下惡官職之一〉(048)（乙一、乙二）

諍擘明行兄〈兩兩相劫奪〉(052)（乙一、乙三）

明生行生諍行〈秋長夜甚明〉(053)（乙一、乙三）

陌獨用

客宅柏陌〈身如大店家〉(058)（乙一、乙三）

---

[14] 「五品無人諍」，《項注》：「諍同『爭』，《戰國策・秦策》：『有兩虎諍人而鬭者』，

　　　　陌麥合用
　　　　　掰摘厄客擘陌〈聞道須鬼兵〉(046)（乙一、乙三）
　　　　青清合用
　　　　　瓶停聲名〈坐時同飯甕〉(065)（乙一、乙三）
　　3　梗攝與宕攝合用韻譜
　　　　錫藥昔合用
　　　　　著覓惜喫〈人生一代間〉(067)（乙一）
　　4　存疑
　　　　昔錫燭合用
　　　　　[玉][15]益喫跡覓〈吾家多有田〉(021)（乙二、乙一）

　　按：梗攝字除庚部獨用者三見外，其餘則庚耕二部互押者四見，清青二部互押者一見。又清青二部入登昔錫二韻與宕攝陽部入聲藥韻合用者一見，此與宕攝陽唐二部平上去聲字與梗攝清部去聲字合用一例相應。

　　（十三）曾攝
　　1　曾攝韻字
　　　　蒸部
　　　　入・職—色₁ 力₁ 識₁
　　　　登部
　　　　入・德—得₄ 貣₁ 勒₁
　　2　曾攝韻例
　　　　德獨用

注:『一作爭。』」
[15]「吾家多有田，不善廣平王。」《張輯》從原卷作「王」，云：「王字出韻，俟校。」《項注》亦作「王」，云：「王字失韻，俟再考。」《朱研》作「玉」，云：「《S5441》作『王』。按敦煌寫卷『玉』每作『王』，蓋形近致混。」姑從《朱研》所改，存疑待考。

得貸[16]得得勒〈村頭語戶主〉(031)（乙一、乙二）

職德合用

色力得識〈世間何物平〉(062)（乙一、乙三）

按：曾攝平上去登字未見用。登部入聲德韻獨用者一見，蒸登二部入聲職德二韻合用者一見。

（十四）深攝

1　深攝韻字

侵部

入・緝一習₁泣₁急₁

2　深攝韻譜

緝獨用

習泣急(孝是前身綠)(045)（乙一、乙三）

按：深攝僅見侵部入聲緝韻獨用一例。

參　總說

根據以上的分析歸納，王梵志詩「卷中」本的用韻特徵，可得而言者，有如下數事：

一　通攝與江攝合用無間。江攝字皆與通攝合用，不雜他攝字，可見江部歸東鍾二部，而不歸陽唐二部。

二　止攝字皆為內部互押，支脂之三部不分，而微部歸支脂之三部。

三　遇攝魚虞模三部合用。流攝尤部上聲有韻「婦、不、醜」三字，去聲有韻「覆」字，及侯部上聲厚韻「母」字，去聲候韻「鬥」字，皆與魚虞模三部合用。

---

[16]：《項注》：「『貸』字皆應讀為貸，他得反，音特。」按《集韻》入聲二十五德：「貸，散德切。以人求物也，或作貸。」項說是也。

其中「婦、不、覆、母」四字爲唇音字,可見尤侯二部上去聲唇音字已經由〔iəu〕、〔əu〕變爲〔iu〕、〔u〕,與魚虞模三部的上去聲讀法相同。

四　蟹攝皆內部互押。齊部平聲齊韻與皆灰咍三部平聲合用者一見,去聲霽韻與灰咍二部上去聲合用者一見,可知齊部歸皆灰咍三部,而不歸支脂之三部。

五　果攝歌戈二部互押,假攝麻部去聲獨用者一見,可見歌戈二部與麻部未混。

六　宕攝陽唐二部互押,不雜江部字,可見江部與陽唐二部有別。

七　梗攝庚耕二部互押,清青二部互押。清青二部與他攝合用者二見,亦不雜庚耕二韻字,可見庚耕與清青是分用的。

八　就聲調而言,其四聲分用者:平聲與平聲相押者十七見,上聲與上聲相押者六見,去聲與去聲相押者一見,入聲與入聲相押者十五見合計三十九見。其四聲通押者;上去二聲通押者十八見,平上去三聲通押者三見,上去入三聲通押者一。合計二十二見。可見上去二聲通押之例甚多。因爲上去聲全清、次清、全濁、次濁聲母字皆有與去聲全濁聲母字通押之例,又上聲全濁聲母字未見單獨押入去聲者,所以不能斷定上聲全濁聲母字已經變爲去聲。

最後,總結以上的研究,敦煌寫本王梵志詩集「卷中」本之用韻所反映的韻部系統如下:(未見用之韻不列)

陽聲韻

（一）東鍾江部

（二）寒桓部

（三）陽唐部

（四）庚耕部

（五）清青部

陰聲韻

　　（六）支脂之微部

　　（七）魚虞模部（包括尤侯二部上去聲唇音婦不覆母四字及醜、
　　　　　門二字）

　　（八）齊皆灰咍部

　　（九）宵肴豪部

　　（十）歌戈部

　　（十一）麻部

　　（十二）尤部（平聲）

入聲韻

　　（一）屋燭覺部

　　（二）質術物沒部

　　（三）藥鐸部

　　（四）陌麥部

　　（五）昔錫部

　　（六）職德部

　　（七）緝部

引用書目

朱鳳玉

　1986　《王梵志詩研究》（二冊），臺灣學生書局。

林炯陽

　1991〈敦煌寫本王梵志詩用韻研究－兼論伯三四一八號殘卷的系
　　　　統〉，東吳文史學報第九號。

張錫厚

　1983　《王梵志詩校輯》，中華書局，北京。

陳慶浩

　1987　〈法忍抄本殘卷王梵志詩書後〉，敦煌學第十二輯。

項楚

　1987　《王梵志詩校注》，敦煌吐魯番文獻研究論集，第四輯，北京。

　1987　《王梵志詩論》，文史第三十一輯。

郭在貽

　1988　〈敦煌寫本王梵志詩匯校〉，敦煌語言文學論文集，浙江古籍
　　　　　出版社。

趙和平、鄧文寬

　1980　〈敦煌寫本王梵志詩校注〉，北京大學學報，1980 年第六期。

羅宗濤

　1972　《敦煌講經變文研究》，國立政治大學中文研究所博士論文。

本文原載於 1992 年 5 月 15 日《第二屆國際
暨第十屆全國聲韻學學術研討會論文集》
489-505 頁，國立中山大學中國文學系所、中
華民國聲韻學學會出版。

斯四二七七號、列一四五六號法忍抄本殘卷王梵志詩用韻考

斯四二七七號及列一四五六號法忍抄本王梵志詩殘卷，是已經整理出來的王梵志詩寫卷之一。

斯四二七七號殘卷自「世有一種人，可笑窮奇物。」至「一身逢太平，五內無六賊。」存詩二十三首。列一四五六號殘卷，自「我今一身內，修營等一國。」至「己餓畏兒飢，從頭少一杓。」存詩四十五首。

斯四二七七號殘卷與列一四五六號殘卷，字跡相同，行款一致，是同一寫卷斷裂爲二，應該合而爲一。列一四五六號殘卷題記云：「大曆六年五月□日抄王梵志詩一百一十首，沙門法忍寫之記。」此卷抄於大曆六年（西元771年）五月，在有明確記錄抄寫年代的王梵志詩殘卷中，是抄寫年代最早的[1]，極爲珍貴。

斯四二七七號殘卷，收藏於倫敦大英博物館，此卷縮微膠卷早已公開，而列一四五六號殘卷，庋藏於蘇聯科學院東方學研究所列寧格勒分所敦煌特藏部，該卷完整的真跡，不易獲得。張錫厚先生的《王梵志詩校輯》（1983年），項楚先生的《王梵志詩校注》（1987年），皆未收列此卷。1987年，陳慶浩先生根據友人抄錄的列--四五六號殘卷，發表了〈法忍抄本殘卷王梵志詩初校〉，此卷完整的內容，才首次公諸於世。朱鳳玉博士在〈敦煌寫卷S4277號卷校釋〉一文的後記中，將斯四二七七號殘卷及列一四五六號殘卷綴合爲同一寫卷，又於《王梵志詩研究》一書中，對這綴合的寫卷，加以校注。其後，項楚先生根據陳慶浩先生的初校本，發表了〈列一四五六號王梵志詩殘卷補校〉。以上三位學者

---

[1] 詳陳慶浩(1987B)，頁92。

對於法忍抄本王梵志詩卷的整理研究，甚爲精審，很有貢獻。我在1991年發表的〈敦煌寫本王梵志詩用韻研究——兼論伯三四一八號殘卷的系統〉，其中有關法忍抄本王梵志詩卷的部分，就是根據三位學者的校注，才得以完成。但是始終未見原卷真跡，有所疑難，無以查對，是爲憾事。

項楚先生於1991年出版了《王梵志詩校注》的修訂本，則根據斯四二七七號原卷的縮微膠卷及友人所贈的列一四五六號原卷影本爲底本，加以校注，編爲「卷七」，補入原書之中。他在此書附錄〈列一四五六號王梵志詩殘卷補校後記〉說：「目前所見到的這兩種法忍抄本王梵志詩斷片，存詩已有六十九首，占原有詩歌總數的一半以上，應可大致顯示該卷的面貌與傾向。這個原有『一百一十首』的王梵志詩卷，……它基本上是一部佛教詩集，……其中有許多作品，明顯地表現出禪宗南宗的思想，因此必然產生於禪宗南宗盛行之後。同時，它們又必然產生於法忍抄寫這個詩卷的大曆六年(771年)以前若干年。因此，我認爲這個原有一百一十首的王梵志詩集，其主要部份應該是盛唐時期的產物。」(頁927)

陳慶浩先生於1992年4月來中央研究院文哲研究所講學，以列一四五六號王梵志詩殘卷的原卷影本見贈，並鼓勵我對於殘存的法忍抄本王梵志詩六十餘首的用韻，繼續研究。1993年寒假得暇，乃取舊稿，據原卷影本，重新董理。希望對於盛唐語音的研究，有些幫助。

壹　凡　例

一　本文以斯四二七七號殘卷縮微膠卷及列一四五六號原卷影本爲底本，並參考下列各家校本：

陳慶浩〈法忍抄本殘卷王梵志詩初校〉(以下簡稱〈初校〉)

朱鳳玉《王梵志詩研究》(以下簡稱《朱研》)
楚項〈列一四五六號王梵志詩殘卷補校〉(以下簡稱〈補校〉)、
　　《王梵志詩校注(1991年)》(以下簡稱《項注》)

　　二　各詩編號依《朱研》、〈初校〉所訂。原卷第一〇九首之後，重抄了第七十四、七十三首，這兩首重複的詩本文不引用。又〈初校〉第一一二首，《項注》析爲二首，爲行文之便，仍依〈初校〉。

　　三　校勘符號略依〈初校〉所訂，〈初校〉所無，則增列之：
　□表原卷漫漶處
　〇表原卷殘缺處
　( )表應校改之字
　[ ]表應校補之字

　　四　爲便於說明，韻譜以韻攝爲單位，每攝之下首標《廣韻》見用之韻字，其次爲本攝韻譜及本攝與他攝合用韻譜。各攝韻字依《廣韻》韻次排比，四聲相承之韻，以部統之。每組韻腳之後皆注明各詩標題，編號、卷次。各詩原無標題，今以首句爲標題，若首句殘缺，則以次句爲標題，依比類推。斯四二七七號殘卷，《項注》簡稱「己一本」，列一四五六號殘卷，《項注》第稱「己二本」，今從之。

　　五　每組韻腳皆注明各韻字所屬之韻部，以《廣韻》韻目爲準。韻目之次序，以韻字使用次數最多者爲首，依此類推；使用次數相同者，則以首見韻字所屬之韻部列於前；二韻以上合用者，視較多互韻字之韻部爲歸，如第五十一首以「緣(仙)懸眠年(先)」爲韻，則標爲「先仙」合用；第八十九首以「煎(仙)前(先)緣仙(仙)」爲韻，則標爲「仙先」合用。

　　六　此卷用韻形式，以隔句押韻爲主。間有首句入韻者，則以此卷之韻系來判定其是否入韻。

貳 韻 譜

(一)通攝

1.通攝韻字

東部

平・東──聰功空通東忩聾洪同

入・屋──肉腹

鍾部

平・鍾──容

入・燭──觸獄

2.通攝韻譜

東獨用(平聲)

聰功空東忩聾〈你今意況大聰〉(105)(己二)

東鍾合用(平聲)

·

洪空容同〈心本雙無隻〉(077)(己二)

·

屋燭合用(入聲)

·

肉腹觸獄〈貪癡不肯捨〉(064)(己一)

· ·

按：通攝多部字未見用。東部平聲獨用者一見，東鍾二部平聲合用者一見，東鍾二部入聲合用者一見。由此可見東鍾二部已混用不分。

(二)止攝

1.止攝韻字

支部

平・支──馳知疲爲披斯池兒

上・紙──此是

去・寘──智睡

脂部

平・脂──悲師

上・旨──死屎

去・至──利醉

之部

平・之──持屍之慈

上・止──市理士季止己起憙

去・志──志事

微部

平・微──非衣稀肥

上・尾──鬼

去・未──畏誹費味

2.止攝韻譜

　支脂合用(平聲)

　　・

　　馳知疲悲〈福門不肯修〉(055)(己一)

　　　　　・

　支之脂合用(平聲)

　　・　。

　　師知持爲屍披之斯池〈王二語梵志〉(072)(己二)

　　　。　・　・　・　・

　眞至合用(去聲)

　　・

　　利○智智〈天下大癡人〉

　　・

　旨止合用(上聲)

　　　・

死止○死〈兒大君須死〉(112)(己二)
　　．

旨止紙合用(上聲)
　　．　。

死屎理此〈縱使千乘君〉(103)(己二)
　　　．　。

旨紙尾合用(上聲)
　　　．　。

[死]²是鬼死〈生亦只物生〉(070)(己二)
旨止紙尾合用(上聲)
　　　．　。

死止是鬼　〈可笑世間人〉(101)(己二)
　　．　。△

止獨用(上聲)
市理士季止³〈隱去來〉(083)(己二)
志寘至合用(去聲)
　　　．　。

志智事睡醉〈王二與世人〉(096)(己二)
　　．　．　。

微獨用(平聲)
非衣稀肥⁴〈任意隨流俗〉(058)(己一)
微支合用(平聲)

非非爲〈莫言己之是〉(056)(己一)

---

² 「死」，原卷漫漶，從〈初校〉所補。
³ 「止」，〈初校〉作「心」，《朱研》從之。《項注》云：「『止』，原作『心』，即『止』字草書。」《項注》是也。
⁴ 「肥」，原作「ｎ」，即「肥」字俗寫。見《敦煌俗字譜》，頁259。

未獨用(去聲)

畏誹費味〈我不畏惡名〉(100)(己二)

3.止攝與蟹攝合用韻譜

支齊之合用(平聲)

• 。

知棃⁵兒慈〈人心不可識〉(063)(己一)

• 。

止賄合用(上聲)

•

罪憙己起〈可惜千金身〉(088)(己二)

•

按：止攝以內部互押爲主。之部上聲獨用者一見，微部平聲獨用者一見，去聲獨用者一見，支脂二部平聲合用者一見，支脂之三部平聲合用者一見，上聲合用者一見，去聲合用者一見，支脂微三部上聲合用者一見，支脂之微四部上聲合用者一見，支微二部平聲合用者一見。由此可見，支脂之微四部混用不分。又止攝平聲支韻「知兒」二字，之韻「慈」字，與蟹攝平聲齊韻「⅓」字通押；止攝上聲止韻「憙己起」三字，與蟹攝上聲賄韻「罪」字通押。而初唐詩文用韻亦有相似之例⁶。如：

支、齊(蟹攝)同用

法融〈心銘〉知(支)迷(齊)移(支)

紙旨止、賄(蟹攝上聲)同用

張說〈大周故宣威將軍楊君碑〉峙子紀史(止)否己(止)美(旨)里(止)晷(旨)士(止)比鄙兕(旨)恃仕以祉圮齒止(止)磊(賄)起矣(止)美(旨)梓(止)

⁵「棃」，即「棃」字俗寫。
⁶詳鮑明煒(1990)，頁402～407。

　　(三)遇攝

1.遇攝韻字

　　魚部

　　平・魚──虛廬壚居如渠

　　虞部

　　平・虞──無夫俱珠須衢

　　模部

　　平・模──途呼(枯)

2.遇攝韻譜

　　魚虞合用(平聲)

　　　　　　・

　　虛廬壚無〈不愁天堂遠〉(091)(己二)

　　　　　　　　　・

　　夫虛居〈大丈夫〉(107)(己二)

　　　　・

　　魚虞模合用(平聲)

　　　　　・　。

　　如渠夫塗虛〈法性大海如〉(076)(己二)

　　　　　　　・　。

　　虞模合用(平聲)

　　　　・

　　夫途無俱珠〈大丈夫〉(106)(己二)

　　　　・

　　模虞魚合用(平聲)

　　　　・　。

　　呼(枯)[7]居須衢〈但令但貧但呼〉(078)(己二)

　　　　　。　・　・

────────────

[7]《項注》云:「『枯』,原作『沽』,據文義改。『不枯』即不竭之義。」
按:「沽」(古胡切),「枯」(苦胡切)皆屬《廣韻》上平聲十一模韻。

按：遇攝字皆內部互押，不雜他攝字。魚虞二部平聲合用者二見，虞模二部平聲合用者一見，魚虞模三部平聲合用者二見。魚虞模三部，看不出有任何界限。

(四)蟹攝

1.蟹攝韻字

齊部

上·薺——體礼

佳部

上·蟹——解罷買

皆部

上·駭——駭

去·怪——壞

灰部

平·灰——枚迴

咍部

平·咍——來開胎財哉埃臺灾

上·海——在

2.蟹攝韻譜

薺駭蟹合用(上聲)

　· 。

體駭解礼〈自有無用身〉(092)(己二)

　· 。

蟹駭合用(上聲)

　·

[駭]解罷買解[8]〈俗人道我癡〉(074)(己二)

　·

咍獨用(平聲)

---

[8]此首後半，自「嗟世俗難有」句以下疑有脫誤，今不錄。

來開胎財哉〈若能無著即如來〉(094)(己二)

咍灰合用(平聲)

　　·

來埃臺灾財枚開〈不語諦觀如來〉(080)(己二)

　　·

咍灰海怪合用(平、上、去聲通押)

　　··。△

在壞[9]胎迴來〈危身不自在〉(085)(己二)

　　。△　·

　　按：蟹攝字除「棃」(齊韻)、「罪」(賄韻)二字押入止攝外，其餘見用之字皆內部互押。咍部平聲獨用者一見，咍灰二部平聲合用者一見，佳皆二部上聲蟹駭二韻合用者一見，咍部平聲咍韻、去聲海韻與灰部平聲灰韻、皆部去聲怪韻合用者一見，齊皆佳三部上聲薺駭蟹三韻合用者一見。由灰咍二部合用，佳皆二部合用之例來看，灰咍與佳皆之間似有界限，又由灰咍二部與皆部合用之例來看灰咍與佳皆之間亦有連繫；而齊部上聲與佳皆二部上聲合用，其平聲又與支之二部平聲合用(參見止攝之3：止攝與蟹合用韻譜)，則齊部平聲齊韻、上聲薺韻，似乎游移於佳皆二部與支脂之三部之間。

　　根據鮑明煒《初唐詩文韻部研究》(頁402)的歸納，初唐詩文用韻，止攝韻腳中往往押入一些蟹攝字，而蟹攝「禮(齊韻)、䃜(賄韻)、髻(霽韻)」等字是王績、王勃、張說、宋璟、朱寶積等北方人的用韻，這些都可能與方言有關，而法忍抄本王梵志詩卷的用韻，蟹攝齊部上聲「禮」字則與本攝皆部上聲「駭」字、佳部上聲「解」字互押，此與王績、王勃、張說等人用韻不同，值得注意。

　　(五)臻攝

9「壞」，原作「坏」。「坏」即「壞」字俗寫，見《敦煌俗字譜》，頁58。

1.臻攝韻字

　　真部

　　平・真──因人身塵親珍嗔貧新咽(隣)

　　入・質──失逸

　　諄部

　　入・術──律出

　　文部

　　平・文──文

　　入・物──物佛

2.臻攝韻譜

　　真讀用(平聲)

　　　　因人身真〈悟道雖一餉〉(053)(己一)

　　　　真人塵身〈由心生妄相〉(054)(己一)

　　　　親珍人身塵〈世間何物親〉(087)(己二)

　　質獨用(入聲)

　　　　一失〈若個達若空〉(086)(己二)

　　真文合用(平聲)

　　　　　．

　　　　嗔貧身文〈我有你不喜〉(057)(己一)

　　　　　　．

　　物術質合用(入聲)

　　　　　．　。

　　　　物○律逸○〈世有一種人〉(046)(己一)

　　　　　．　。

　　　　物出失佛〈吾有方丈室〉(060)(己一)

　　　　　．　。

3.臻攝與山攝合用韻譜

　　真先合用(平聲)

　　　　　．

　　　　珍塵新田〈世人重金玉〉(095)(己二)
　　　　　　　•

4.臻攝與深攝合用韻譜
　　真侵合用(平聲)
　　　　　•

　　　　嗔塵咽(隣)[10]深身〈斷諸惡〉(066)(己一)
　　　　　　　•

5.臻攝與山攝、深攝合用韻譜
　　真寒侵合用(平聲)
　　　•　。

　　　　安[11]林嗔真〈多緣饒煩惱〉(090)(己二)
　　　　•　•　。

　　按：臻攝真部平聲獨用者三見，入聲獨用者一見，真文二部
平聲合用者一見，真諄文三部入聲合用者二見。由此可見真諄文
三部關係密切。又臻攝與他攝通押者，真韻與山攝平聲先韻合用
者一見，真韻與深攝平聲侵韻合用者一見，真韻與山攝平聲寒韻
、深攝平聲侵韻合用者一見。可能真韻與寒先二韻的主要元音接
近，而真侵二韻合用，顯示[-n][-m]已有混同的跡象。初唐詩人亦
有真侵二部通押之例[12]。如：
　　真文侵同用
　　　　拾得〈嗟見〉心(侵)人因(真)紛(文)
　　準震侵同用
　　　　張說〈邠王府長史陰府君碑銘〉信(震)鎮(準)振(震)心(侵)

---

[10]《項注》云：「『隣』原作『憐』，乃形訛字。」
[11]〈初校〉作「首事得心安」，《朱研》同。〈補校〉云：「『安』字出韻，
應乙在『心』上作『安心』。」惟《項注》此首亦作「心安」，無校語。按：
敦煌變文〈大目乾連冥間救母變文并圖一卷并序〉以寒韻「檀」字與真韻「親
人神」爲韻，則此首以寒韻「檀」字與真韻「嗔真」爲韻，並不失韻。
[12]見鮑明煒(1990)，頁168,170,380。

侵真同用

　包融〈酬忠公林亭〉侵陰林(侵)塵(真)心森尋深襟禽(侵)

(六)山攝

1.山攝韻字

　寒部

　平・寒——看安攤難寒餐

　去・翰——岸汗段漢散

　入・曷——渴割

　桓部

　平・桓——槃寬

　去・換——畔換喚

　入・末——活脫撮聐奪闊末

　先部

　平・先——年天懸眠前塡

　去・霰——見(揀)賤　現遍殿

　入・屑——結

　仙部

　平・仙——緣偏煎仙然

　上・獮——善

　去・線——面扇戰箭便

　入・薛——滅拙說絕熱

2.山攝韻譜

　寒桓合用(平聲)

　　　・

　　看槃寬安〈學行百千般〉(059)(己一)

　　　　・・

　翰換合用(去聲)

　　　・

畔換觀岸汗段〈法性本來常存〉(081)(己二)

漢畔喚散〈若個達苦空〉(086)(己二)

末獨用(入聲)

活脫撮眊〈千年與一年〉(050)(己一)

末曷合用(入聲)

活奪(活)[13]渴撮割脫闊末脫〈人生一世裏〉(099)(己二)

先仙合用（平聲）

年〇緣偏天〈教你脩道時〉(048)(己一)

緣懸眠年〈凡夫真可念〉(051)(己一)

霰線獮翰合用(去聲上聲通押)

見見見面看(揀)[14]扇戰善賤煙箭現見遍殿便〈他見見我見〉
　　　　　　　　　　　　　　　　　　　　　(098)(己二)

薛屑合用(入聲)

滅拙說結絕熱〈道從歡喜生〉(065)(己一)

---

[13] 《項注》云：「『活』，原作『括』，據文義改。」按：「括」、「活」二字俱屬《廣韻》入聲十三末。
[14] 《項注》云：「『揀』，原作『練』，據文義改。」按：「練」、「揀」二字俱屬《廣韻》去聲三十二霰，郎甸切。

仙先合用(平聲)

　　　•

　　煎前緣仙〈夢遊萬里自然〉(089)(己二)

　　　　•

3.山攝與蟹攝合用韻譜
　　先仙咍合用(平聲)

　　　•　。

　　財塡然年〈知足即是富〉(049)(己一)

　　•　　。

4.山攝與咸攝合用韻譜
　　寒覃談合用(平聲)

　　　•　。

　　菴惉[15]貪攤難寒安餐看〈壯年凡幾日〉(093)(己二)

　　•　。　•

　　按：山攝桓部入聲獨用者一見，寒桓二部平聲合用者一見，去聲合用者二見，入聲合用者一見。先仙二部平聲合用者三見，入聲合用者一見。先仙二部上、去聲與寒部去聲翰韻合用者一見。由此可見，寒桓二部爲一組，先仙二部爲一組，而先仙與寒桓之間亦有連繫。又寒韻與咸攝覃談二韻合用者一見，顯示[-n][-m]已有混同跡象。又先仙二韻與蟹攝咍韻合用者一見，此陽聲與陰聲通押現象，敦煌變文用韻亦有相似之例[16]，如：

　　先仙灰同用
　　〈季布詩詠〉年(先)然(仙)邊(先)迴(灰)弦(先)

　　(七)效攝

---

[15] 「惉」字《廣韻》不收。《項注》改作「憨」，云：「按《集韻》平聲二十三談『惉，沾三切，心伏也，通作甘。』與詩意不合。此處應是『憨』的俗字。」
[16] 見羅宗濤(1972)，頁534。

1.效攝韻字

　蕭部

　平・蕭————(儵)

　平・宵————遙

　上・小————小

　豪部

　平・豪————高

　上・皓————道惱好造寶號

2.效攝韻譜

　豪宵蕭合用(平聲)

　　　・　　。

　高遙○○(儵)[17]〈學問莫倚聰明〉(108)(己二)

　　　・　　　。

　皓獨用(上聲)

　　○道○惱〈眾生發大願〉(110)(己二)

　皓小合用(上聲)

　　　・

　　道好造小浩寶考〈若欲覓佛道〉

　　　　　・

　　按：效攝豪部上聲獨用者一見，其上聲與宵部上聲合用者一見，蕭宵豪三部平聲合用者一見。由此可見豪部與蕭宵二部關係密切。

　　(八)假攝

1.假攝韻字

　麻部

---

[17] 《項注》云：「『儵』，原作『褼』，〈初校〉改作『條』。按此處『條』字又是『儵』之訛。」按：「條」(徒聊切)、「儵」(蘇彫切)二字俱屬《廣韻》下平聲三蕭。

平・麻——家(芽)裟花車華遮麻
2.假攝韻譜
　　麻獨用(平聲)
　　家(芽)[18]裟花車家〈教君有男女)(084〉(己二)
　　華遮家麻〈一旦遊塵境〉(102)(己二)
　按：假攝僅見麻部平聲獨用二例，不雜果攝字，則麻部與歌戈二部之間似有界限。惟歌戈二部字未見用，無從比較，未敢論斷。

　(九)宕攝
1.宕攝韻字
　　陽部
　　入・藥——卻著縛酌杓
　　唐部
　　入・鐸——鉗槨惡各樂
2.宕攝韻譜
　　藥鐸合用(入聲)
　　　　・
　　酌錯○杓〈並是天斟酌〉(113)(己二)
　　　　・
　　鐸藥合用(入聲)
　　　　・
　　錯槨○卻〈終歸一聚塵〉(111)(己二)
　　　　　・
　　惡各著錯縛樂〈世間不信我〉(071)(己二)
　　　・　・
　按：宕攝僅有陽唐二部入聲合用者三例，由入聲推測陽唐二

---

[18]《項注》云：「『牙』，〈初校〉改作『芽』，按『牙』通『芽』，《文選》卷四揚雄〈劇秦美新〉：『或玄而萌，或黃而芽。』」

部應是合用無間。

(十)梗攝
1.梗攝韻字
　　庚部
　　平・庚──生行坑
　　耕部
　　平・耕──爭
　　清部
　　平・清──精
　　青部
　　平・背──星
2.梗攝韻譜
　　庚耕合用(平聲)
　　　　・
　　　　爭生行坑〈榮利皆悉爭〉(097)(己二)
　　　　・
　　　　清青合用(平聲)
　　　　　・
　　　　精○星〈兒子有亦好〉(112)(己二)
　　　　　　・

　　按：梗攝僅有庚耕二部平聲合用者一見，清青合用者一見。
因例證過少，庚耕二部與清清二部的關係，無從論定。

(十一)曾攝
1.曾攝韻字
　　蒸部
　　入・職──識力食息飾域
　　登部
　　入・德──則得默賊墨德剋國惑

2.曾攝韻譜
　　德獨用(入聲)
　　　則得默賊〈我本野外夫〉(068)(己一)
　　德職合用(入聲)
　　　　．
　　　職賊墨力德剋〈有此幻身來〉(061)(己一)
　　　　　．　　．
　　　國食賊域〈我今一身內〉(069)(己二)
　　　　．　．
　　　賊惑識黑德剋息〈迴波來時大賊〉(075)(己二)
　　　　．　．
3.曾攝與通攝合用韻譜
　　職屋合用(入聲)
　　　　．
　　　福食飾域〈一生不作罪〉(067)(己一)
　　　．

　　按：曾攝平、上、去聲未見用。登部入聲獨用者一見，蒸登
二部入聲合用者三見。由入聲職德合用之例，推測蒸登二部應是
合用無間。又蒸部入聲職韻與通攝入聲屋韻合用者一見，顯示蒸
部與東部主要元音相近。初唐詩人陳元光有東冬鍾登合用之例，
陳子昂有屋職合用之例，張說、張柬之有屋德合用之例[19]，大曆
前後詩人王建有蒸登冬合用之例[20]，貞元前後詩人孟郊有登鍾合
用之例[21]，此皆顯示曾、通二攝主要元音相近。如：
　　東冬鍾登合用
　　　陳元光〈示珦〉弘(登)風(東)龍(鍾)農(冬)空通蓬(東)

---

[19] 見鮑明煒(1990)，頁26,34。
[20] 見耿志堅(1990)，頁25。
[21] 見耿志堅(1990)，頁74。

屋職合用

　　陳子昂〈燕然軍人畫像銘〉服(屋)極(職)

屋德合用

　　張說〈再使蜀道〉谷複目逐服覆木(屋)國(德)築(屋)

　　張柬之〈與國賢良夜歌二首其一〉復(屋)國(德)

蒸登冬合用

　　王建〈同于汝錫賞白牡丹〉凝勝膺(蒸)稜(登)膺(蒸)憎(登)

　　疼(冬)凌(蒸)

登鍾合用

　　孟郊〈懷南岳隱士〉峰(鍾)騰僧稜登(登)

　(十二)流攝

1.流攝韻字

　　尤部

　　平・尤──求留憂愁休

　　上・有──友柳酒久有守

　　侯部

　　平・侯──頭

　　上・厚──偶走

2.流攝韻譜

　　尤獨用(平聲)

　　　由求留憂〈我身若是我〉(052)(己一)

　　尤侯合用(平聲)

　　　　・

　　　愁頭求休〈凡夫有喜有慮〉(079)(己二)

　　　　　・

　　有獨用(上聲)

　　　友柳酒久〈梵志與王生〉(073)(己二)

　　有厚合用(上聲)

　　　　・

有守有偶走[22]〈隱去來〉(082)(己二)
　　　　• •

　按：流攝幽部字不見用。尤部平聲獨用者一見、上聲獨用者
一見，尤侯二部平聲合用者一見、上聲合用者一見。由此可見尤
侯二部不分。

參　結　語

　綜合上文所述，法忍抄本王梵志詩之用韻特徵，除少數個別
之特例外，可得而言者，有如下數端：
　一　通攝東鍾二部合用。
　二　止攝支脂之微四部合用。
　三　遇攝魚虞模三部合用，不雜他韻字。
　四　蟹攝灰咍二部一組、佳皆一組。灰咍與佳皆之間界限不
清。齊部上聲薺韻與佳皆二部上聲合用者一見，又其平聲齊韻與
止攝支之二部平聲合用者一見，可知齊部遊移於支脂之與佳皆之
間。
　五　臻攝平聲真韻與深攝平聲侵韻合用二次；山攝平聲寒韻
與咸攝平聲覃談二韻合用一次。可能是有些[-m]韻尾字與[-n]韻定
尾主要元音相同或相近而通押，也可能是[-n]與[-m]在作者的方言
中已呈現消變之跡。初唐詩人許敬宗、張說、杜易簡、拾得等，
特有[-m]韻尾字押入[-n]韻尾中的例子[23]。
　六　就聲調而言，其四聲分用者，平聲互押者三十四見；上
聲互押者十二見；去聲互押者五見；入聲互押者十五見，合計六

---

[22] 「走」〈初校〉作「起」，《項注》作「走」。按原卷作「走」，《項注》
是也。
[23] 見鮑明煒(1990)，頁26,34。

十六見。其四聲通押者，平上去通押者一見；上去通押者一見，
合計二見。由此可見四聲分用甚明。上聲字押入去聲者，僅有一
個「善」字(見第九十八首〈他見見我見〉)，此字《廣韻》上聲
獮韻常禪切，爲全濁禪母，似乎是「濁上作去」，但是，如果作者
的方音已是「濁上作去」，那麼上去通押的例子應該很多，因此，
只有這一條例證，還是不能遽下斷語。

引用書目

朱鳳玉
1986　《王梵志詩研究》(二冊)，台灣學生書局。
1987　〈敦煌寫卷S4277號殘卷校釋〉，敦煌學第十二輯，頁127
　　　至136。

林炯陽
1991　〈敦煌寫本王梵志詩用韻研究——兼論伯三四一八號殘卷
　　　的系統〉，東吳文史學報第九號，頁37至49。

耿志堅
1990　《中唐詩人用韻考》，東府出版社。

張錫厚
1983　《王梵志詩校輯》，中華書局，北京。

陳慶浩
1987A　〈法忍抄本殘卷王梵志詩初校〉，敦煌學第十二輯，頁83
　　　至88。
1987B　〈法忍抄本殘卷王梵志詩書後〉，敦煌學第十二輯，頁89
　　　至97。

項　楚

1987　「王梵志詩校注」，敦煌吐魯番文獻研究論集，第四輯，頁129至623，北京。

1988　〈列一四五六號王梵志詩殘卷補校〉，中國敦煌吐魯番學術討論會論文，北京。

1991　《王梵志詩校注》修訂本，上海古籍出版社。

潘重規

1978　《敦煌俗字譜》，石門圖書公司。

鮑明煒

1990　《唐代詩文韻部研究)，江蘇古籍出版社。

羅宗濤

1972　《敦煌講經變文研究》，國立政治大學中文研究所博士論文。

本文原載於1994年3月，《陳伯元先生六秩壽慶論文集》，文史哲出版社，489-509頁。

論曾運乾切韻五十一紐說

壹　引言

　　自守溫訂三十六字母，宋以後等韻家多沿用之，甚至以為不可增減，不可移易。[1]陳澧以其不能精密，乃根據《廣韻》切語上字，系聯之，得聲類四十。其後，黃季剛加以修正，將「明」類分成「明」「微」兩類，為四十一聲類。[2]民國十六年，曾運乾在《東北大學季刊》第一期發表〈切韻五聲五十一紐考〉一文，[3]別創審音法，依切語「音侈聲鴻」「音弇聲細」之例，於陳氏原四十類加入「微」、「影二」、「見二」、「溪二」、「曉二」、「疑二」、「來

---

[1] 江永說：「昔人傳三十六字母，總抵一切有字之音，不可增減，不可移易，凡欲增減移易者，皆妄作也。」見《四聲切韻表》（台北：廣文書局，1966年），「凡例」，頁1。

[2] 陳氏之說，見《切韻考》（台北：廣文書局，1962年）。
　黃氏之說，見〈音略〉，《華國月刊》第一卷第一至五期（1921年9月—1924年1月）。

[3] 該文收入陳新雄、于大成主編，《聲韻學論文集》（台北：木鐸出版社，1977年），頁107—116。又有趙蔭棠韻略堂藏油印本。

二」、「精二」、「清二」、「從二」、「心二」十一母爲五十一類。其後陸志韋證〈廣韻五十一聲類〉一文，[4]別從形式上爲之證明，周祖謨陳氏〈切韻考辨誤〉一文，[5]更宣崑其意，兼論讀音，甚至黃季剛後來也說「切韻切語上一字實當分五十一類」。[6]但是陳師新雄說：「其審音之法，於鴻細侈弇之則，亦無定衡，證之《廣韻》，亦不盡爾，是故五十一類者亦未盡當也。」[7]因此，曾氏之說，是否誠如周祖謨所說的「窺得陸氏舊法」「可謂精密弘深」，[8]還是一個值得討論的問題。

貳　曾氏審音法的理論依據

曾氏從《廣韻》卷首所錄的隋・陸法言〈切韻序〉中「先仙尤侯俱論是切」一語，尋得《切韻》反切「音侈聲鴻」「音弇聲細」之法，他說：

> 蓋聲音之理，音侈者聲鴻，音弇者聲細。廣韻切語侈音例爲鴻聲，弇音例爲細聲。反之，鴻聲例用侈音，細聲例用弇音。此其例即見於法言自序云：「支（章移切）脂（旨夷切）魚（語居切）虞（遇俱切），共爲一韻；先（蘇前切）仙（相然切）尤（于求切）侯（胡溝切），俱論是切。」上四字移夷居俱明韻(即切語下一字音學也)之易於淆惑者，下四字蘇相于胡明切（即切語上一字聲學也）之易於淆惑

[4] 《燕京學報》三五期（1939年）。後收入《陸氏漢語音論學論集》（香港：崇文書局，1971年），頁119—176。
[5] 輔仁學誌九卷一期（1940年）。收入陳新雄等編，《聲韻學論文集》，頁117—170。該文經周氏修訂後，易名〈陳澧切韻考辨誤〉，收入《問學集》（台北：知仁出版社，1976年），下冊，頁517—580。
[6] 黃季剛口述，黃焯筆記編輯，《文字訓詁筆記》（台北：木鐸出版社，1983年），頁107，「切韻分聲」條。
[7] 陳新雄，〈六十年來之切韻學〉，《聲韻學論集》，頁26。
[8] 〈陳氏切韻考辨誤〉，《聲韻學論文集》，頁107。

者。故支脂魚虞皆舉音和雙聲以明分別紐類之意。如先蘇
前切，蘇相不能互易者，先為真韻之侈音，蘇在模韻亦侈
音也；例音侈者聲鴻，故先為蘇前切也。仙相然切，相蘇
不能互易者，仙為寒韻之弇音，相在陽韻，亦弇音也；例
音弇者聲細，故仙相然切也。又如尤于求切，于胡不能相
易者，尤為蕭韻之弇音，于在虞韻，亦弇音也；例音弇者
聲細，故尤于求切也。侯胡溝切，胡于不能相易者，侯為
虞韻之侈音，胡在模韻，亦侈音也；例音侈者聲鴻，故侯
胡溝切也。是故法言切語之法，以上字定聲之鴻細，而音
之弇侈寓焉；以下字定音之弇侈，而聲之鴻細亦寓焉。見
切語上字其聲鴻者，知其下字必為侈音，其聲細者，知其
下字必為弇音矣。見切語下字其音侈者，如其上字必為鴻
聲，其音弇者，知其上字必為細聲矣。[9]

　　按此所謂「侈音」、「鴻聲」是指一等韻、二等韻和四等韻的
字；所謂「弇音」、「細聲」是指三等韻的字。如先字蘇前切，屬
四等韻，為侈音；蘇字屬一等「模」韻，也是侈音，以蘇切先，
就是以鴻聲切侈音。仙字相然切，屬三等韻，為弇音，相字屬三
等「陽」韻，也是弇音，以相切仙，就是以細聲切弇音。尤字于
求切，屬三等韻，為弇音，于字屬三等「虞」韻，也是弇音，以
于切尤，就是以細聲切弇音。侯字胡溝切，屬一等韻，為侈音，
胡字屬一等「模」韻，也是侈音，以胡切侯，就是以鴻聲切侈音。
因為聲音之理，音侈者聲洪，音弇者聲細，故所切字為侈音，其
切語上字例為鴻聲；所切字為弇音，其切語上字例為細聲。曾氏
依據此例，參以陳澧系聯《廣韻》切語上字的方法，以考《廣韻》
切語上字，得五十一類。茲錄其所考「影一」、「影二」、「心一」、
「心二」之證如下：

9　〈切韻五聲五十一紐考〉，《聲韻學論文集》，頁107。

影一：（鴻聲侈音）哀（烏開切咍。每字注韻部者，明其音
　　　之爭侈也。）烏（哀都切模）安（烏寒切寒）煙（烏
　　　前切先）鷖（烏奚切齊）愛（烏代切代）六字之中
　　　烏哀二字互用相系聯。

影二：（細聲弇音）於（央居切魚）央（於良切陽）憶（於
　　　力切職）伊（於脂切脂）衣依（於希切微）憂（於
　　　求切尤）一（於悉切質）乙（於筆切質）謁（於歇
　　　切月）約（於略切藥）紆（憶俱切虞）枙（伊入切
　　　緝）握（於角切覺。凡變韻多鴻細互用）十四字之
　　　中於央伊憶四字互用相系聯。

心一：（鴻聲侈音）桑（息郎切唐。侈音用細聲。類隔切也。
　　　不通用於二等）速（桑谷切屋）素（桑故切暮）蘇
　　　（素姑切模）先（蘇前切先）共五字遞用相聯系。

心二：（細聲弇音）息（相即切職）相（息良切陽）悉（息
　　　七切質）思司（息茲切之）斯（息移切支）私（息
　　　夷切脂）雖（息遺切脂）辛（息鄰切真）寫（息姐
　　　切馬韻二）須（相俞切虞）胥（相居切魚）共十二
　　　字相息互用相聯系。[10]

　　曾氏以審音法分類的結果、亦有同屬一類的切語上字鴻細相
雜。例如握、於二字同屬「影二」一類，然握字於角切，在二等
「覺」韻，為侈音；於字央居切，在二等「魚」韻，為弇音。握
字以於字為切語上字，是侈音以細聲為切。此洪細相雜之例，皆
見於變韻中，而以舌齒音為多。遇到這種情形則注云：「凡變韻多
鴻細互用」或「凡變韻舌齒例用細聲」。又不同類的切語上字，也

---

[10] 同上，頁108，頁114。原文「心二」下作「鴻聲侈音」，依照音理當作「細
聲弇音」為是。

有鴻細相雜的。例如桑息郎切，歸「心一」（鴻聲侈音）；息相即切歸「心二」（細聲弇音）。桑字以息字爲切語上字，是侈音以細聲爲切。遇到這種情形，則注云：「類隔」。在《廣韻》切語中，間有鴻細相亂之例，應該用審音法，尋其脈理，嚴爲區分，所以曾氏說：

> 至於各類之別，本不過弇侈鴻細之間，依古聲類言之，並非判然為二，故陸生切語，侈音間有用細聲，弇音間有用鴻聲者，此亦如端知八母，幫非八母之各有類隔也……分例之法，不當以小異害大同。[11]

參　曾氏五十一類說商榷

一　就〈切韻序〉論之

　　曾氏引《廣韻》所載〈切韻序〉「支脂魚虞共爲一韻，先仙尤侯俱論是切」之語，謂「韻」即切語下一字音學也，「切」即切語上一字聲學也，實未深慮。

　　按「支脂魚虞共爲一韻」，現存敦煌唐寫本韻書殘卷 P 二一二九、P 二〇一七、S 二〇五五諸卷及故宮唐寫全本王仁昫刊謬補缺切韻均作「支脂魚虞共爲不韻」。據此，「一韻」當作「不韻」爲是。[12]

　　陸法言撰寫《切韻》曾經參考呂靜《韻集》、夏侯詠《韻略》、陽休之《韻略》、李季節《音譜》、杜臺卿《韻略》等諸家音韻。由現存王仁昫刊謬補缺切韻各本韻目小注，[13]可以略知呂靜等五

---

[11] 同上，頁 108。
[12] 參見林慶勳，〈切韻序新校〉，《慶祝婺源潘石禪先生七秩華誕特刊》（台北：中國文化學院中文研究所，1977 年），頁 207—225。
[13] 現存王仁昫刊謬補缺切韻，主要的三本是：
　　1、巴黎國家圖書館藏敦煌唐寫本 P 二〇一一號王仁昫刊謬補缺切韻（簡稱

家韻目的分合。如：

平　　聲	上　　聲	去　　聲	入　　聲
支 脂呂夏侯與之 　爲大亂雜李 　杜別今依陽 　李杜（王二 　全王）[14]	紙 旨夏侯與止爲疑 　呂陽李杜別今 　依呂陽李杜（王 　一全王）	寘 至夏侯與志同陽 　李杜別今依陽 　李杜（王一全 　王）	
魚	語呂與　同夏侯 　陽李杜別今依 　夏侯陽李杜（王 　一全王）	御	
虞		遇	
先夏侯陽杜與 　仙同呂別 今 　依呂（全王）	銑夏侯陽杜與獮 　同呂別 今依呂 　（全王王一）	霰夏侯陽杜與線 　同呂別今依呂[15] 　（全王）	屑李夏侯與薛同 　李別今依呂（王 　一全王）
仙	獮	線	薛
尤夏侯杜與侯 同呂別今依呂 （全王）	有李與厚同夏侯 爲疑呂別今依呂 （王一全王）	宥呂李與侯同夏 侯爲疑今別(王一 全王)	
侯	厚	候	

王一），見潘重規，《瀛涯敦煌韻輯新編》（台北：文史哲出版社，1974
　　年），頁 241—324。

2、故宮博物院藏唐寫本刊謬補缺切韻[簡稱王二]，見十韻彙編，北京大學
　　文史叢刊第五種（台北：學生書局，1968 年再版）

3、故宮博物院藏唐寫全本王仁昫刊謬補缺切韻[簡稱全王、王三]，（台北：
　　廣文書局，1964 年影印本）

[14]　「之微」，王二作「微韻」。

[15]　王一作：「陽李夏侯與線同夏侯與同呂杜並別今依呂杜。」

　　從以上的小注看來，呂靜等五家韻書中，大致「支」「脂」不同韻（五家並同）、「魚」「虞」不同韻（夏侯、陽、李、杜四家並同），而「先」「仙」同韻（夏侯、陽、杜三家並同）、「尤」「侯」同韻（夏侯、杜同）。所以切韻序論及諸家音韻取舍不同，就說：「支脂魚虞共為不韻，先仙尤侯俱論是切。」可見這兩句話應該都是指韻部的分合來說的。因此，「先仙尤侯俱論是切」一句，是否用來說明切語上一字之易於淆惑者，還是一個有待斟酌的問題。

　　又「上字為切，下字為韻」的說法、見於宋人沈括《夢溪筆談》、晁公武《郡齋讀書志》等書。[16]前此，則有敦煌唐寫本 P 五〇〇六號韻關辯清濁明鏡殘卷及 P 二〇一二守溫韻學殘卷定四等重輕兼辯聲韻不和無字門，亦以「切」與「韻」分指切語上下字。P 五〇〇六卷原文云：

> 得與丹字為切凡有是雙聲字皆[或]為其切灘字得與丹字為韻凡是疊韻字皆互為韻諸欲反切例皆如此也。[17]

　　按此卷作者及撰著年代已不可考，所錄韻目雖保存早期《切韻》原貌，然由字體紙質來看，其書寫年代必不前於晚唐。[18]
　　又 P 二〇一二號守溫韻學殘卷云：

> 高〇此是喉中音濁於四等中是第一字與歸〇審穿禪照等字不和若將〇審穿禪照中字〇為切將高字為韻定無字可切但是四等喉音第一字總如一口匹字例也

[16] 沈括說：「所謂切韻者，上字為切，下字為韻。」見《夢溪筆談》，國學基本叢書 244（台北：商務印書館，1968 年臺一版），卷十五：藝文二，頁 99。
　晁公武說：「切韻者，上字為切，下字為韻。」見喬衍琯主編，《書目續編》，《郡齋讀書志》（台北：廣文書局，1967 年），卷四，頁 13。
[17] 見《瀛涯敦煌韻輯新編》，頁 493。
[18] 據姜亮夫，《瀛涯敦煌韻輯》（台北：鼎文書局，1972 年），卷十八之一，頁 417。

交○此字是匹等中第二字與歸△精清從心邪中字不和若將
○精清從心邪中字為切將交字為韻定無字可切但是四等第
二字總如交字例也
審高反精交反○是例諸字也[19]

按此卷首行題「南梁漢比丘守溫述」八字。守溫的生卒年月
不可知，周祖謨〈讀守溫韻學殘卷後記〉一文推斷守溫的時代當
晚於神珙、推想可能是晚唐時代的人。他說：

> 從書中「四等重輕例中有「宣」「選」兩韻來看，他所根
> 據的韻書一定比較晚的。這與宋夏竦古文四聲韻所據的唐
> 切韻相同。殘卷所舉的例字當中也有一些不見於唐本韻書
> 而僅見於廣韻的字。如「四等重輕例」中侯韻的「嗨」字，
> 職韻的「窨」字和「辯聲韻相似歸處不同」中的「朘」「釛」
> 二字（廣韻收在范韻）都是。這些字在廣韻裏都放於一韻
> 之末。由此可以進一步知道他所根據的韻書不僅分韻細，
> 而且收字多。從唐代韻書的發展來看，這種韻書的時代是
> 相當晚的。又殘卷中「辯官商角徵羽例」所云「宮、舌居
> 中，商、口開張，徵、舌拄齒，羽、撮口聚，角、舌縮卻」
> 等都與神珙四聲五音九弄反紐圖相同。神珙為憲宗元和以
> 後的人，反紐圖中尚無字母、四等的名稱，則守溫的時代
> 當晚於神珙，推想可能是晚唐時代的人。[20]

周氏的推論是很合理的。

從以上的資料來看，「切」字當作「切語上字」的意義來使用
的年代，應該在法言撰著《切韻》之後（〈切韻序〉作於隋仁壽元
年[西元六○一年]），如果說序文「共為不韻」的「韻」及「俱論

---

[19] 同注 17，頁 606。
[20] 周祖謨，〈讀守溫韻學殘卷後記〉，《問學集》，上冊，頁 502。

是切」的「切」已經具有「上切下韻」的意義，則不能無疑。[21]

二　就切韻系韻書的反切論之

《廣韻》的反切裏，侈音間有用細聲，弇音間有用鴻聲者，曾氏均以例外視之，謂之「類隔」，並且說不當以這種「小異」害「大同」。但是把《廣韻》的反切加以分析歸納，這種「類隔」的例子實在不少，這就不能謂之「小異」了。茲就「見」「溪」「疑」「影」「曉」「來」「精」「清」「從」「心」十母統計如下：[22]

表一（細聲）

反切上字	反切	聲類	韻目	切一等韻次數	切二等韻次數	切三等韻次數	切四等韻次數	合計
居	九魚	見二	魚	1		78		79
紀	居里	見二	止			2	1	3
去	丘據	溪二	御			41	1	42
丘	去鳩	溪二	尤	1	3	33		37

---

[21] 本節所論，曾參考王顯的一些看法。王說見「切韻的命名和切韻的性質」，中國語文 1961 年四月號，頁 16—25。不過王氏首先說：「先仙尤侯俱論是切」一句，是指韻母說的。按著又說三等韻與一二四等韻所用切語上字所以不同，是聲母的音值在有[-i]介音和沒有[-i]介音的韻母前面不是完全相同所致，而「俱論是切」的「切」應當理解為「切近」。所以「先仙尤侯俱論是切」，也就是說五家韻書把用於「先」的一組反切上字（蘇、素之類）和用於「仙」的一組反切上字（相、斯之類），把用於「尤」的一組反切上字（于、王之類）和用於「侯」的一組反切上字（胡、戶之類）都看成是切近的，隨便亂用，不加區別。我們不取王氏這個說法，理由見下文參之二及參之三。
[22] 廣韻反切，根據林尹校訂，《新校正切宋本廣韻》（台北：黎明文化事業公司，1976 年）。

起	墟里	溪二	止		1	2		3
牛	語求	疑二	尤	1		9		10
疑	語其	疑二	之	1				1
擬	魚紀	疑二	止		1			1
玉	魚欲	疑二	燭		1			1
於	央居	影二	魚	3	12	89	6	110
乙	於筆	影二	質		5	3		8
衣	於希	影二	微		1	2		3
一	於悉	影二	質	1	1	1		3
許	虛居	曉二	語	2	12	55	4	73
虛	朽久	曉二	有	3	1	12		16
喜	許里	曉二	止		1	1		2
力	林直	來二	職	2	6	45	4	57
呂	力舉	來二	語		2	5		7
子	即里	精二	止	17	1	38	6	62
將	即良	精二	陽	1		6		7
姊	將几	精二	旨	1		2		3
茲	子之	精二	之	1		1		2
借	子夜	精二	麻	1				1
七	親吉	清二	質	17		43	2	62
此	雌氏	清二	紙	1		3		4
漸	慈染	從二	琰				1	1
息	相即	心二	職	1		30		31
私	息夷	心二	脂	2		6		8
恩	息慈	心二	之	2		5		7

上表共二十九字，歸納結果如下：

(1)細聲只切侈音者有五字：疑、擬、玉、借、漸。

(2)細聲切侈音的次數多於細聲切弇音者有二字：乙、一。

(3)細聲切侈音與細聲切弇音的次數相等者有二字：喜、茲。

(4)細聲切弇音的次數多於細聲切侈音者有二十字：居、紀、去、丘、起、牛、於、衣、許、虛、力、呂、子、將、姊、七、

此、息、私、思。其中細聲切弇音的次數與細聲切侈音的次數差數不大約有：紀、起、衣、呂、子、姊、此、思等字。

表二（鴻聲）

反切上字	反切	聲類	韻目	切一等韻次數	切二等韻次數	切三等韻次數	切四等韻次數	合計
過	古臥	見一	過			1		1
吾	五呼	疑一	模	1	1	1	1	4
呼	荒烏	曉一	模	42	14	1	11	70
火	呼果	曉一	果	3	7	3	3	16
倉	七岡	清一	唐	18	1	1	3	23
醋	倉故	清一	暮			1		1
千	倉先	清一	先	6		2	3	11
昨	在各	從一	鐸	19	1	5	2	27
徂	昨胡	從一	模	14		2	3	19
才	昨哉	從一	咍	6		6		12
在	昨宰	從一	海	4		3	3	10

上表共十字，歸納結果如下：

(1)鴻聲只切弇音者有二字：過、醋。

(2)鴻聲切弇音與鴻聲切侈音的次數相等者有一字：才。

(3)鴻聲切侈音的次數多於鴻聲切弇音者有八字：吾、呼、火、倉、千、昨、徂、在。

由上面二表歸納的結果來看，反切上字固然有分組的趨勢，即細聲多數切三等韻的字，鴻聲多數切一等韻、二等韻、四等韻的字。但是細聲只切侈音，或細聲切侈音的次數多於細聲切弇音的例子，以及鴻聲切弇音的例子，所占的比例並不很小，這在反切上字鴻細的分類上就會造成很大的困擾。例如曾氏歸入細聲的乙、疑、擬，借四字，陸志韋都歸入鴻聲；曾氏歸入鴻聲的醋

字，陸志韋則歸入細聲。[23]

其次，從切韻系韻書反切上字的異文來看，鴻細相通的例子也不少。茲舉「精」「清」「從」「心」四母之例如下：[24]

表三

例字	聲	韻	反 鴻聲侈音	切 細聲侈音
	精	東一等	祖公（P2014）	子紅（廣韻、切二、王二、全王）
	精	灰一等	臧回（廣韻）	子回（王一、全王）
尊	精	魂一等	祖昆（廣韻）	即昆（全王）
則	精	德一等	祖勒（P2014）	子德（廣韻、S6013）子得（王二）即勒（全王）
走	精	厚一等	作[ ]（全王）	子苟（廣韻）子厚（P3693、王一、王二）
	清	泰一等	麤最（廣韻）	七會（全王、唐韻）
蔡	清	泰一等	倉大（廣韻、唐韻）	七蓋（王一、全王）七大（王二）
崔	清	灰一等	倉回（廣韻）	此回（切三、全王）

[23] 同注三，頁108，頁110，頁113。
同注四，頁173，頁175。
[24] 切韻諸本反切，根據上田正，切韻諸本反切總覽，東京大學均社單刊第一（1975年）。

				此迴（王一）
采	清	海一等	倉宰（廣韻、切三、全王）	七宰（王二）
寸	清	恩一等	倉困（廣韻、S6176•王一、全王、唐韻）	七困（王二）
餐	清	寒一等	倉干（切三、王一、全王）	七安（廣韻）
粲	清	翰一等	蒼案（廣韻、T□DI）倉旦（S6176、王一、全王）倉案（唐韻）	七旦（王二）
撮	清	未一等	倉括（廣韻、唐韻）	七活（切三、王一、王二、P3694）七括（全王）
草	清	皓一等	采老（廣韻）	七嫂（切三）
蹭	清	嶝一等	千鄧（廣韻）	七掃（P3693、王一、全王）七贈（P3694、王一、王二、全王）七鄧（唐韻）
蘇	心	模一等	素姑（廣韻）	恩吾（P3695，切三）息吾（王一、全王）桑[姑]（DX1496）
腥	心	徑四等	蘇　（廣韻、唐韻）	息定（P3694），王一、王二、全王

表四

例字	聲	韻	反　　　　　　　　　　　　切	
			細　聲　弇　音	鴻　聲　弇　音
漬	從	寘三等	疾智（廣韻）	在智（王二、全王）
崒	從	術三等	慈卹（廣韻）聚卹（王二）	才卹（王一、王二）
牆	從	陽三等	在良（廣韻）	疾良（切三、王一、王二、全王）
蜙	心	鍾三等	息恭（廣韻）	先恭（切二、王二、全王、P2015）
秀	心	宥三等	息救（廣韻、P3694、王一、全王、唐韻）	先救（王二）

　　由以上二表的例子來看，切韻系韻書的反切，侈音或用鴻聲或用細聲；弇音或用細聲或用鴻聲，並無定衡。因此，鴻細二類的區界，實在很難劃分清楚。曾氏將「精」「清」「從」「心」各分鴻細二類，其實與切韻系韻書反切的實際情形不甚切合。

三　就聲類的音值構擬論之

　　周祖謨撰〈陳氏切韻考辨誤〉一文，論《廣韻》之聲類，以五十一類為準，並參考高本漢的擬音，以明其音值。茲迻錄周氏所擬音值如下：

幫一 P　　滂一 P′　　並一 b′　　明一 m

幫二 Pj　　滂二 P′j　　並二 b′j　　明二 mj

端 t　　　透 t′　　　定 d′　　　泥 n　　　來一 l

知 ʈ　　　徹 ʈ′　　　澄 ɖ′　　　娘 nj　　日 nʹzʹ　　來二 lj

精一 ts　　清一 ts'　　　從一 dz'　　心一 s

精二 ts(i)　清二 ts'(i)　從二 dz'(i)　心二 s(i)　邪二 z(i)

　　　　　　　　　　ts(i)依高氏例宜作 tsj 今不確定

照二 tṣ　　穿二 tṣ'　　床二 dz'　　審二 ṣ

照三 ts'(i)　穿三 t's'　　床三 d'z'　　審三 s'(i)　禪三 z'(i)

見一 k　　溪一 k'　　　　　　　疑一 ng
見二 kj　　溪二 k'j　　群二 gj'　　疑二 ngj
喻 j
曉一 X
曉二 Xj
匣一 ɣ
匣二 ɣj
影一 ʔ
影二 ʔj[25]

　　看來周氏大致採用高本漢的「j」化說來區別鴻聲細聲的不
同。如幫一「p」、幫二「pj」等。高氏認為《廣韻》聲母有的在
韻圖中一二三四等均有出現（如舌根聲母，脣音聲母等），但三等
所用的反切上字與一二四等所用的不同。其所以不同之故，在於
三等介音「i」前頭的聲母，受到「i̯」的影響而「j」化(一種軟
化)。[26]在高氏的《廣韻》四十七聲類中，「精」系只是一類而不「j」

[25]〈陳氏切韻考辨誤〉，《聲韻學論文集》，頁 130—131。
[26] 詳見（1）高本漢，《中國音韻學研究》，趙元任等譯（台北：商務印書館，

化[27]。現在既然分「精」「清」「從」「心」爲鴻細二類，爲了顯示鴻細在音值上的不同，就應該採取高氏的辦法，分成單純的和「j」化的兩類。即：

精一 ts　　　清一 ts′　　從一 dz′　　心一 s

精二 tsj　　清二 ts′j　　從二 dz′j　　心二 sj

但是這樣做是行不通的。理由如下：

(1)因爲把「照三」等構擬成「tsɦ」等，就不能把「精」系分成單純的「ts」等和「j」化的「tsj」等。[28]

(2)《廣韻》「精」母字，現在國語有的讀[ts]，有的讀[tɕ]，在韻頭或韻腹[i]、[y]的前面讀[tɕ]；在其他元音的前面讀[ts]。讀[ts]或讀[tɕ]，都由後面的韻母來決定，與是否[j]化沒有直接的關係。例如《廣韻》三等韻中，以「精二」「將」字爲切上字者，在國語的讀音是：

[tsï˅]　　　紫　將此切　　（上聲紙韻開口）

　　　　　　　將几切　　（上聲旨韻開口）

[tsuei˅]　　醉　將遂切　　（去聲至韻合口）

[tsuən˥]　　遵　將倫切　　（平聲諄韻合口）

[tɕin˥]　　　津　將鄰切　　（平聲真韻開口）

　　周氏也知道把「精二」等構擬成了[tsj]等有困難，所以注云「ts（i）依高氏例宜作 tsj 今不確定」。後來〈陳氏切韻考辨誤〉

1973 年，臺三版），頁 29—31。(2) 高本漢，《中國聲韻學大綱》(Compendium of phonetics in Ancient and Archaic Chinese，1954 年)，張洪年譯（台北：中華叢書編審委員會，1972 年)。

[27] 見同注 26，頁 81。

[28] 李榮，《切韻音系》（台北：鼎文書局，1973 年)，頁 109。

一文收進《問學集》的時候，周氏在擬音方面作了一些修正，說：
「今論廣韻之聲類，依反切上字分組，當爲五十一。以音位而論，
當爲三十六。」[29]

由以上所論，我們知道把「精」系分成鴻細兩類，在語音演
變上沒有根據。並且要把五十一聲類中鴻細兩類在音質上的不同
顯現出來，必須走上「j」化說的路子。但是「j」化說還是不能
圓滿解決問題，何況高氏的「j」化學說，中國學者趙元任、李榮、
邵榮芬都提出不同的意見，認爲不足依信。[30]

肆　結語

綜合以上所論，可得而言者，約有三點：

其一，《廣韻》所錄法言序文：「支脂魚虞共爲一韻，先仙尤
侯俱論是切」二句，應以敦煌寫本韻書殘卷作「支脂魚虞共爲不
韻，先仙尤侯俱論是切」爲是。再與王仁昫切韻各本韻目下所注
呂靜等五家韻目的分合比對，這兩句話應該都是指韻部而言。又
據敦煌唐寫本音韻資料及宋人記載，推想「上切下韻」之說，應
該是比較晚出的說法。若說〈切韻序〉中的這兩句話，是以「切」
與「韻」分指切語上下字，則不能無疑。

其二，從《廣韻》的反切及切韻系韻書反切土字的異文來看，
侈音或用鴻聲或用細聲；弇音或用細聲或用鴻聲，並無定衡。因
此，將切語上字分成鴻細兩類，與切韻系韻書反切的實際情形不
甚切合。

其三，要把五十一聲類中鴻細兩類音質的不同區分出來，必

[29] 《問學集》，下冊，頁532。
[30]（1）趙元任，〈Distinctive and Non-Distinctive Distinctions in Ancient Chinese〉，哈佛亞洲研究雜誌第五卷第三第四分合刊(1941年)。
（2）李榮，《切韻音系》。
（3）邵榮芬，《切韻研究》（中國社會科學出版社，1982年）。

須走上高本漢聲母「j」化說的路子。但是「j」化說並不能圓滿解決問題。

　　根據以上三點來看，曾氏的五十一聲類說，還是有未盡適當之處。《廣韻》的反切上字固然有分組的趨勢，但是把它截然分成鴻細二類，是不必要的。其實就《切韻》反切來說，李榮《切韻音系》的三十六類說或王力《漢語音韻》的三十六類說，[31]比較切合實際；就《廣韻》的反切來說，黃季剛〈音略〉的四十一類說或周法高〈論切韻音〉的三十七類說，是比較合理的。[32]

本文原載於《中華學苑》第三十三期，國立政治大學中國文學研究所印行，P45-64：北；1986年8月《東吳文史學報》No.5，P89-100：台北。

---

[31] 李榮根據唐寫本王仁昫刊謬補缺切韻的反切，考定切韻聲類為三十六。與黃季剛的四十一類比較，則併輕脣入重脣，併「娘」入「泥」，併「為」入「匣」，復自「床」母分出「俟」母。說見《切韻音系》。
　王力三十六類，則輕脣併於重脣，「為」併於「匣」，比黃季剛少五類。說見《漢語音韻》（中華書局，1962年）。
[32] 周法高三十七類，併輕脣於重脣，比黃季剛少四類。說見〈論切韻音〉，《香港中文大學中文研究所學報》第一卷（1968年）。

《韻鏡校證》補校

壹　前言

　　李新魁先生撰《韻鏡校證》（以下簡稱《校證》）一書，蒐羅群籍，旁徵博引，反覆考校，所校證者千餘條，為目前最詳備之《韻鏡》校本。

　　《校證》以黎氏古逸叢書本《韻鏡》為底本，校勘範圍有：

一　校定《韻鏡》一書中與音韻有關的錯誤；

二　指明《韻鏡》列字在字體上的訛謬差錯；

三　比勘各版本的異同；

四　詮釋列字所從同或違異之韻書；

五　比較宋元各韻圖在與《韻鏡》的差謬上有關的異同情況；

六　全面比較《廣韻》、《集韻》與《韻鏡》之異同；

七　適當地比較《韻鏡》與唐宋時代各韻書（及其他典籍音切）的異同，為研讀此書時參證。（以上見《校證・前言》，頁1）

　　宋代等韻圖乃據隋唐韻書及宋修《廣韻》、《集韻》之反切而作[1]。《校證》亦以今存隋唐宋韻書，如英國及法國所藏《切韻》殘卷、《王韻》、《唐韻》、《廣韻》、《集韻》等以校覈《韻鏡》，或正其歸字及字形，或補其誤脫，或比較其與各韻書之異同，成績可觀，足資參證。惟《校證》有據誤本而訛者，有一時失審而疏漏者，雖為大醇之小瑕，亦徒滋觀覽之疑惑。今略舉《校證》此項校語之尚有可者，予以補校，以資研究及教學之參考。

---

[1] 詳陳師新雄《等韻述要》，頁1。龍宇純《韻鏡校注・凡例》第三條，頁11。

貳 校 語

一 內轉第一：平聲東韻，牙音清濁、疑母三等「豻」。

《校證》：「《王韻》、《廣韻》、《集韻》、《七音略》等俱無豻字；《指掌圖》、《等子》、《指南》等此位俱列鍾韻之顒字。案豻字見於《玉篇》，魚容切，與顒字同音。《廣韻》鍾韻魚容切下不收此字。又伯希和編號四七四七號刻本韻書有此字，但作㕧弓反，亦不合。《韻鏡》此字當是據《玉篇》增入。」（頁129注7）

案：P4747號韻書殘卷[2]平聲東韻，有豻字，注云：「獸名，如豕，㕧弓反，一。」此「㕧弓反」之「㕧」字，即「宜」之俗寫（見《敦煌俗字譜》頁69）。「宜」字屬疑母，此作「宜弓反」，正與《韻鏡》此位合。《校證》誤以「㕧」爲「㕧」字[3]，以爲不合，乃謂「豻」字當是據《玉篇》增入。

二 內轉第二：平聲鍾韻，牙音清、見母三等「恭」。

《校證》：「恭字《切二》、《王二》、《王三》、《五代刊本》俱入多韻（《切二》作駒東反，論音切當入東韻）。」（頁133注5）

案：《切二》平聲二多有「恭」字，其切語《十韻彙編》、《瀛涯敦煌韻輯》俱作「駒東反」。惟東字《切二》在東韻，與所切之恭字不合。細審《切二》原卷恭字之反切下字，似「東」又似「宗」，《瀛涯敦煌韻輯新編》云：「此卷寫手訛率，不爲典要。宗多書作宋，頗似東字。」（頁221）則「駒東反」之「東」，蓋「宋（宗）」字訛寫，二字形似而誤。《校證》謂恭字《切二》作駒東反，論音

---

[2] 本文所據法國巴黎國家圖書館藏編號P2014、P2015、P4747、P5531諸韻書殘卷，周祖謨《唐五代韻書集存》考定爲五代本《切韻》，頁919。又編號P3696韻書殘卷第二葉，考定爲箋注本《切韻》第三種，頁842。

[3] 姜亮夫《瀛涯敦煌韻輯》摹本作「㕧弓反」，頁241，不誤。周祖謨《唐五代韻書集存》摹本作「㕧弓反」，頁742，《校證》蓋據此而誤。

切當入東韻，此以誤寫之反切，論其音韻，失審。

三　內轉第二：上聲腫韻，齒音次清、清母四等「憁」。

《校證》：「憁字原文作憁（從心），誤。《七音略》作㤂亦誤。《廣韻》、《集韻》作幊（從巾）。又幊字《廣韻》做職勇又且勇切，列此位當據又音。陳澧認爲此字『與腫字之隴切音同，增加字也』。查《切三》腫韻並無此小韻，腫字之隴反下亦不列此字，陳說可信。」（頁135注17）

案：《王二》、《王三》上聲腫韻有憁字，訓「褌」，並音且勇反，與《韻鏡》此位合。惟憁字蓋幊之俗訛[4]，當從《說文》作幊。《磨光韻鏡》原刻本、三刻本俱作幊，字下注音「且勇」是也。

四　內轉第二：入聲燭韻，舌音次清、徹母三等「梀」。

《校證》：「此字作梀（從巾），誤。《廣韻》、《集韻》等均從木作梀，丑錄或丑玉切。《磨光》、《七音略》、《等子》、《指南》等亦都作梀。《王二》有丁字，敕錄反，《唐韻》、《廣韻》併入此小韻。」（頁138注37）

案：此字《切三》作「梀」（從木），《王二》、《唐韻》、《廣韻》同。《王一》、《王三》作「梀」（從才），即「梀」字俗寫[5]。《切三》、《王一》、《王三》、《王二》丑錄反，《唐韻》、《廣韻》丑玉反，皆與此位合。《磨光韻鏡》原刻本、三刻本俱作梀，字下注音「丑玉」，同《唐韻》、《廣韻》。

五　內轉第十：去聲未韻，脣音濁、奉母三等「疿」。

《校證》：「疿字《廣韻》作[74]字，各本俱作扶沸切。案扶涕切當在霽韻，不合。《徐鍇音》作扶沸反，合。《廣韻》涕字當是

---

[4] 潘師重規《敦煌俗字譜·序》：「今觀敦煌寫本，… 巾不分，故帨作悅，… 惟作惟。」
[5] 《王三》摧作榷、檻作＋，《王二》楷作揩、模作，皆木ｘ不分之例。

沸字之譌。《王三》此字作佛。」（頁157注10）

案：《王二》去聲十未，黂（誤作寙）字扶沸反下有「痱」字，注云：「小瘡」；《廣韻》去聲八未，黂字扶涕（涕當作沸）切下亦有「痱」字，注云：「熱瘡」，均與《韻鏡》此位合。《王一》、《王三》、《唐韻》扶沸反下無「痱」字。《磨光韻鏡》原刻本、三刻本俱作痱，字下注音「扶沸」，同《王二》、《廣韻》。

六　外轉第十三：上聲駭韻，舌音清、知母二等「○」。

　　《校證》：「此位《集韻》有鈘字，知駭切。《王三》、《廣韻》無。《磨光》從《集韻》。《韻鏡》及《七音略》不列。」（頁165注16）

　　案：P5531號韻書殘卷上聲十三駭有「鈘」字，注云：「缺～，知駭反。」《磨光韻鏡》從《五音集韻》列此字，字下注音「知駭」[6]，與P5531號韻書殘卷合。

七　外轉第十三：去聲夬韻，舌音次清、徹母二等「蠆」。

　　《校證》：「蠆字《廣韻》缺，當是蠆字之誤。蠆，《廣韻》丑犗切，……《王一》作丑柴反，《王二》作丑界反，《王三》作丑芥反，《唐韻》亦作丑介反；案介、芥、界等字當在怪韻；柴字在代韻，不在夬韻。此蓋因夬韻本無其他同類之字可作切語，故借用他韻之字爲切，後夬韻增入犗等字，故《廣韻》遂改爲丑犗切。」（頁169注41）

　　案：蠆當作蠆。蠆，P3696號箋註本《切韻》去聲十七夬韻

6　《集韻》上聲十三駭：「鈘，知駭切。缺也。」又《五音集韻》上聲十駭，亦有此字，注文同《集韻》，蓋《磨光韻鏡》所本。《磨光韻鏡・緒言》云：「雖《篇》、《韻》原無等第之可見，校之《韓韻》、《劉圖》，則如視諸掌乎。」又云：「參訂文字凡四千七十有九，以括天下字音，取之《廣韻》者三千八百四十三，《集韻》四百三十一，《玉篇》三，《韻會》一，《集成》一也。」（《磨光韻鏡・上》葉一及葉二）此言《集韻》即《韓韻》。故《磨光韻鏡》所據以參訂文字之《集韻》，乃金・韓道昭所撰《五音集韻》，非宋修《集韻》也。

作丑芥反；又芥、駖、犗三字爲一小韻，音古邁反。《王三》全同。《王一》、《王二》、《唐韻》亦以此三字爲一小韻，《王二》音古邁反，同箋註本《切韻》、《王三》；而《唐韻》音古喝反；《王一》切語殘損。至《廣韻》以芥、駖二字歸去聲十六怪，音古拜切，僅餘犗字在夬韻，遂以犗代芥，改釐字丑芥反爲丑犗切。故釐字本有同類之字可作切語，蓋箋註本《切韻》及《王三》芥、駖二字同音，釐字丑芥反亦可作丑犗反也。

八　外轉第十五：上聲蟹韻，舌音清、知母二等「〇」。

　　《校證》：「此位《集韻》有𤘪字，都買切，類格。《王三》、《廣韻》無，各韻圖不列。」（頁176注7）

　　案：《切三》上聲十二蟹有「𤘪」（𤘪字俗寫）字[7]，注云：「～獬，都買反。一」，可補於此位。

九　外轉第十五：上聲蟹韻，齒音清、審母二等「〇」。

　　《校證》：「此位《廣韻》、《集韻》有灑字，所蟹切。…其他韻圖亦俱列此字。本書缺，同《王三》。」（頁179注15）

　　案：P5531號韻書殘卷上聲蟹韻有灑字，山解反，與《廣韻》、《集韻》所蟹切音同，當在此位。

十　外轉第十六：平聲佳韻，喉音濁、匣母二等「黿」。

　　《校證》：「黿字《廣韻》戶媧切，又一作烏媧切，列蛙字下注云：『上同』。…案《廣韻》黿字既入烏媧切與蛙字同音，又列於韻末，故陳澧疑爲《廣韻》後增之字。查《切三》確無黿字此一小韻，…《王三》亦無黿此一小韻。陳澧後增之說不爲無據。本書以此字列入匣紐，合《廣韻》而不合《切三》《王三》等。」

---

[7] 《切三》上聲十三駭，𤗏字注曰：「𤘪𤗏。孤揩（楷）反。」案此作「𤘪𤗏」，而蟹韻𤘪字注文作「～獬」，則獬、𤗏同字，正俗異形，足證敦煌寫本俗書，犭彳不分。依此類推，則「𤘪」字蓋即「𤘪」之俗寫。

（頁181注3）

案：P2015號韻書殘卷平聲十三佳，韻末有「鼁」字注云：「蛙～，戶咼反。一。」《切三》、《王三》、《王二》俱無，則此爲P2015號韻書殘卷之增加字甚明，故陳澧疑爲《廣韻》後增之字，失據。《韻鏡》列此字於匣紐與P2015號韻書殘卷、《廣韻》合。

十一　外轉第二十三：平聲先韻，脣音清、幫母四等「邊」。

《校證》：「邊字《廣韻》在先韻，布玄切。《切三》、《王一》、《王三》、…亦同，論切當在合口。《集韻》作卑眠切，本亦可開可合；…本書邊字列開、合二圖。列開口者，合於《集韻》、…列合口者則合《切韻》、《王韻》、《廣韻》等。」（頁229注16）

案：P2014號韻書殘卷平聲二十九先韻有邊字，布千反。千字《韻鏡》列於本轉（開口）齒音次清、清母四等。則邊字列於本轉屬開口，合於P2014號韻書殘卷。

十二　外轉第二十三：上聲潸韻，喉音濁、匣母二等「○」。

《校證》：「此位《廣韻》……《集韻》有僩字下赧切；《切一》亦有此小韻，下板反又始限反。…《王一》潸韻亦有此字，但作古板反，不合。《王三》作胡板反。《磨光》、《七音略》有此字，本書缺。」（頁218注9）

案：《校證》謂《切一》僩字又始限反，失。「始」當作「姑」，《切一》原卷作「又姑限反」，《切三》同此。《校證》蓋據《十韻彙編》之《切一》抄本而誤。《校證》又謂《王一》潸韻亦有此字，但作古板反，不合。案古板反爲又音，論其音切，本不在此位。P2014號韻書殘卷上聲二十五潸：「僩，寬大戶板反四　僩，古板反□□□……」此小韻凡四字，音戶板反，而僩字居其一，則此字注云「古板反」者，當是又音。據此可證，《王一》僩字古板反，亦是又音無疑。《校證》以又音爲據，謂其不合此位，失審。

十三　外轉第二十四：平聲仙韻，舌音次清、徹母三等「○」。

《校證》：「此位《王三》、《集韻》有㺔字，丑緣切。《易解》、《磨光》、《指掌圖》、《等子》、《指南》，均列此字。《七音略》則列同一小韻之䦆字。本書不列。」（頁227注11）

案：《切三》平聲下二仙：「䦆，所以鉤門樞者，丑專反。[82]，去枝。」《王一》平聲二十八仙：「饌，丑專反，所以鉤門樞者，二。剟，去枝。」《王三》平聲二十八仙：「䦆，丑專反，所以鉤門，二。剟，去枝。」P2014號韻書殘卷平聲三十一宣：「䦆，所以鉤門樞也，書云贖罪千䦆，〈重六兩，丑緣反，三之也。剟，去枝皮。㺔，𤝸～。」《廣韻》下平聲二仙：「㺔，𤝸～，兔走，丑緣切，二。剟，去木枝也。」案《王一》饌字當從《切三》、《王三》、P2014號韻書殘卷作䦆（《說文》作䥶）；《廣韻》此小韻無䦆字，字見本韻銓字此緣切下。據上所舉，則《易解》、《磨光》、《指掌圖》、《等子》、《指南》，均列㺔字，與《廣韻》、《集韻》合；《七音略》列䦆字，與《切三》、《王三》、P2014號韻書殘卷（此書䦆字丑緣反下亦有㺔字）合。

十四　外轉第二十四：上聲緩韻，喉音清、曉母一等「澣」。

《校證》：「《王三》、《廣韻》緩韻無澣小韻；《集韻》有，火管切，本書與《集韻》合。」（頁229注21）

案：P2014號韻書殘卷二十四緩韻有澣字，呼管反[8]。《韻鏡》澣字列此位，與P2014號韻書殘卷合。

十五　外轉第二十六：平聲宵韻，脣音次清、滂母四等「漂」。

《校證》：「漂字《廣韻》在猋小韻之內，撫招切，論切當入

---

[8] 澣字，從《切韻殘卷諸本補正》、《瀛涯敦煌韻輯新編》所錄。《十韻彙編》作澣。

三等[9]。《韻鏡》三等處列蘸字，反以此入本轉之四等。《七音略》以㵝字入二十五轉是。但另以漂列此，則重出。」（頁239注2）

　　案：漂字《切三》撫昭反，《王三》撫遙反，此小韻俱無㵝字。《韻鏡》列漂字於四等，與《王三》合。《切韻音系》效攝單字音表一（頁43），即列漂字撫遙反於宵韻寅A類，屬四等[10]，可參證。

十六　外轉第二十六：平聲宵韻，牙音濁、群母四等「翹」。

　　《校證》：「翹字《五代刊本》作䮘，去遙反；《切三》作翹，渠遙反；…。本書同《廣韻》。」（頁240注4）

　　案：P2014號韻書殘卷平聲宵韻：「翹，鳥尾…也。巨遙反。」又「䮘，～翹，高也，去遙反。」則翹、䮘本二字，音異。《校證》謂翹字五代本《切韻》作䮘，去遙反，失審。又翹字（《切三》作翹），《切韻》諸本皆有「鳥尾」一義，《切三》、《廣韻》並音渠遙反，P2014號韻書殘卷音巨遙反，《王三》誤作去遙反。然則《校證》此位列翹字，與《切三》、五代本《切韻》、《廣韻》合。

十七　內轉第二十八：平聲戈韻，齒音清、精母一等「侳」。

　　《校證》：「侳字《切三》無此小韻；《王一》在過韻，子過反。本書列侳字於此，同《廣韻》、《集韻》。《廣韻》作子戈切。戈為三等字，切語當以子過切為是（過讀平聲之古禾切）。」（頁243注3）

---

[9] 李新魁〈重紐研究〉表七，頁84，列㸒字撫昭切於宵韻脣音滂母A類，則入四等，而與校語謂㸒字撫昭切，論切當入三等，有所違異。〈重紐研究〉（1984年）撰成於《校證》（1982年）之後，當以後出者為是。

[10] 《切韻音系・單字音表・表例》第四條：「"寅"包括支脂祭真仙宵侵鹽等八韻，這八韻脣牙喉音等韻列在四等的字，跟其他聲類字，算是"寅A"；脣牙喉音等韻列在三等的字，算是"寅B"。」（頁4）

案：侳字《王一》、《王三》、《王二》俱作子過反，在平聲歌韻。切語下字過字，《王一》、《王三》並音古和反，《王二》古禾反，亦俱見平聲歌韻。《校證》謂《王一》侳字子過反，在（去聲）過韻，非是。《韻鏡》列侳字於此位，不合《廣韻》（子毤切屬精母三等），而與《廣韻》以前韻書《王一》、《王三》、《王二》（子過反屬精母一等）合。

十八　外轉第三十六：入聲麥韻，牙音次清、溪母二等「𥔻」。

《校證》：「𥔻，《王三》、《廣韻》無此小韻；《集韻》有，口獲切。本書同《集韻》。」（頁278注14）

案：P5531號韻書殘卷入聲二十二麥韻有「𥔻」字，口獲反。本書同P5531號韻書殘卷。

十九　外轉第三十六：入聲麥韻，半舌音清濁、來母二等「礰」。

《校證》：「礰字《廣韻》、《集韻》麥韻中均無此小韻，《廣韻》礰字在錫韻郎擊切（《廣韻》作靂，二字同，見《集韻》），《唐韻》亦作郎擊反；《集韻》作狼狄切，亦在錫韻。本書入麥韻，與各韻書俱不合。《易解》、《磨光》、《七音略》不列此字，是。」（頁279注20）

案：P5531號韻書殘卷入聲二十二麥韻有「礰」字，力獲反，《韻鏡》此位列此字，正與P5531號韻書殘卷合，非無所據也。《易解》、《磨光》、《七音略》不列此字，失。

二十　內轉第三十七：平聲侯韻，脣音濁、並母一等「裒」。

《校證》：「裒，…《切三》此字入尤韻，與《韻鏡》不合。《王一》、《王二》、《王三》亦入尤韻，但作蒲溝反，論切語當在侯韻。」（頁280注2）

案：裒字：《切三》、《王一》止見浮字薄謀反下，《王一》注云：「減，又蒲溝反」。《王三》一見浮字縛謀反下，注云：「減，

又蒲溝反。」而韻未別出:「裒,蒲溝反。」一小韻。《唐寫全本王仁昫刊謬補缺切韻校箋》謂裒蒲溝反「四字字體與全書不類,蓋後人據前文裒下又蒲溝反所增,此音屬侯韻。」(卷二,頁249)又《王二》浮字父謀反下裒字注云:「聚也,蒲講反。」案「講」字蓋「溝」之誤寫,「蒲講反」當從《王一》作「又蒲溝反」。據此,則尤韻裒字,《王一》薄謀反,《王二》父謀反,《王三》縛謀反,論切語俱在本韻,而「蒲溝反」為其又音甚明。惟《校證》誤以又音為本切,謂裒字《王一》、《王二》、《王三》但作「蒲溝反」,論切語當在侯韻,失審。《韻鏡》列裒字於此位,與《王韻》此字之又音合。

二十一　外轉第四十:入聲狎韻,齒音清、照母二等「○」。

　　《校證》:「此位《集韻》有霅字,斬狎切。《韻鏡》同《王三》、《廣韻》不列。《切三》霅在狎字下,胡甲反,又注曰:『狀甲反』。狀甲反當在此位,與本書合。《七音略》霅字誤入澄紐。」(頁306注61)

　　案:《校證》失審。《切三》入聲二十三狎霅字,注云:「又狀甲反」(此從縮微膠卷所攝原卷),狀當是杜字之誤。茲將霅字在《切韻》系韻書狎韻出現之情形列表如下:

	切　三	王　一	王　三	王　二	唐　韻	P2015	廣　韻
霅	胡甲反又狀甲反	□□反又杜甲反	胡甲反又杜甲反	胡甲反又杜甲反	胡甲反又杜甲反	胡甲反又丈甲反	胡甲切又丈甲切
霅			丈甲反			丈甲反	丈甲切
霅				杜甲反又胡甲反			

　　「霅」字各書在狎字下,音胡甲反(《王一》切語殘缺),《王三》、《王二》、《唐韻》又音「杜甲反」,《王一》又音「杜甲反」,「杜」即「杜」字俗寫,(見《敦煌俗字譜》頁150);《王三》

、P2015號韻書殘卷、《廣韻》於渫下出霅字，音丈甲反，則《王三》「又杜甲反」即「丈甲反」之音。《王二》渫字大甲反下脫霅字，遂於韻末補霅字，注曰：「杜甲反又胡甲反」。凡此足證《切三》霅字「又狀甲反」乃「又杜甲反」之誤[11]。《七音略》列霅字於外轉第三十二入聲狎韻澄母二等之位，正與各書丈甲、杜甲（類隔切）之音合，不誤。又《王二》、P2015號韻書殘卷入聲狎韻，韻末並有㽦字，音壯甲反[12]，當在《韻鏡》此位。

參　結語

　　由以上補校之例，可見《校證》有涉俗字而誤者，如誤以「宜」字俗書「冝」爲「㝵」字，謂P4747號韻書殘卷𤲬字㝵弓反，不合《韻鏡》歸字，此其一。有涉誤字而訛者，如《切三》入聲狎韻霅字注云：「又狀甲反」，「狀」當是「杜」字之誤，《校證》據「狀甲反」一音，謂霅字當補於照母二等之位，而《七音略》誤入澄母，此其二。有誤以二字爲同字者，如翹、𪂩本二字音異，翹字巨遙反，𪂩字去遙反，而《校證》以爲同字，謂翹字《五代刊本》作𪂩，去遙反，與《韻鏡》歸字不合，此其三。有誤以又音爲本切者，如《王一》上聲潸韻，僴字戶板反下有偘字，注文殘存「古板反」三字，此蓋又音而損缺「又」字，而《校證》誤爲本切，謂《王一》此字但作古板反，不合《韻鏡》歸字，此其四。有未遍考隋唐宋韻書反切而疏漏者，如P5531號韻書殘卷入聲麥韻有碅字，口獲反，而《校證》失察，謂《集韻》有此

---

[11] 敦煌寫本俗書，狀、杜二字形近。見《敦煌俗字譜》，頁198及150。

[12] 《王二》入聲二十八狎韻末：「㽦，杜甲反，一。」案「杜甲反」與前渫字「大甲反」音同，蓋增加字也；「杜甲反」之「杜」即「壯」字俗訛（見《敦煌俗字譜·序》頁1）。P2015號韻書殘卷入聲二十七狎：「㽦，壯田反，…一。」案「壯」即「戆」字俗寫（見《敦煌俗字譜》頁58），「田」即「甲」字之訛。

字，口獲切，《韻鏡》同《集韻》，此其五。

　　今存隋唐韻書，多爲寫本，訛文俗書，觸目皆是，漫漶缺損，辨識惟艱，率爾援引，徒滋誤解，《校證》所以失審者，其故在此。惟《校證》一書，取材廣泛，徵引典籍，凡數十種；校勘詳備，多達千餘條，若有一二疏漏，在所難免。本文所論，無損此書之價值，若有不周之處，尙祈方家指正。

引用書目

《韻鏡》　古逸叢書覆永祿本　藝文印書館影印本
　　　　　《等韻五種》之一　1974年
《七音略》　元至治本　藝文印書館影印本　《等韻五種》之一　1974年
《磨光韻鏡》　釋文雄
　一　日本延享元年甲子(1774年)秋八月　原刻本　日本國立東京大學藏
　二　日本安政四年丁巳(1857年)五月　三刻本　國立臺灣師範大學藏
《韻鏡校注》　龍宇純　藝文印書館　1969年
《韻鏡校證》　李新魁　中華書局　1982年　北京
《重紐研究》　李新魁　《李新魁自選集》　河南教育出版社
　　　　　　1993年　鄭州
《等韻述要》　陳新雄　藝文印書館　1975年
英國倫敦大英博物館藏敦煌唐寫本S2683號《切韻》殘卷(簡稱《切一》)
英國倫敦大英博物館藏敦煌唐寫本S2071號《切韻》殘卷(簡稱《切三》)
英國倫敦大英博物館藏敦煌唐寫本S2055號《切韻》殘卷(簡稱《切二》)
法國巴黎國家圖書館藏敦煌唐寫本P3696號韻書殘卷第二葉
(箋註本《切韻》)
法國巴黎國家圖書館藏敦煌唐寫本P2011號王仁昫《刊謬補缺切韻》
（簡稱《王一》）
故宮博物院藏唐寫全本王仁昫《刊謬補缺切韻》（簡稱《王三》）

故宮博物院藏唐寫本《刊謬補缺切韻》（簡稱《王二》）
蔣氏藏唐寫本《唐韻》殘卷（簡稱《唐韻》）
法國巴黎國家圖書館藏P2014號韻書殘卷（五代本《切韻》）
法國巴黎國家圖書館藏P2015號韻書殘卷（五代本《切韻》）
法國巴黎國家圖書館藏P4747號韻書殘卷（五代本《切韻》）
法國巴黎國家圖書館藏P5531號韻書殘卷（五代本《切韻》）
《廣韻》　宋‧陳彭年等
　一、黎氏古逸叢書覆宋本　藝文印書館影印本　收於《百部叢書》內
　二、張氏澤存堂覆宋本　藝文印書館影印本
《集韻》　宋‧丁度等　述古堂影宋鈔本　學海出版社影印本　1986年
《校訂五音集韻》　金‧韓道昭著　甯繼福校訂　中華書局　1992年　北京
《十韻彙編》　劉復等　北京大學文學史學叢刊第五種　1937年
　　　　　　　學生書店影印本　1968年
《瀛涯敦煌韻輯》　姜亮夫　上海出版公司　1955年
　　　　　　　　　鼎文書局影印本　1972年
《切韻殘卷諸本補正》　上田正　東京大學　1974年
《瀛涯敦煌韻輯新編》　潘重規　文史哲出版社　1974年
《唐五代韻書集存》　周祖謨　中華書局　1983年　北京
《唐寫全本王仁昫刊謬補缺切韻校箋》　龍宇純　香港中文大學　1968年
《切韻考》　清‧陳澧　嚴式誨刊本　廣文書局影印本　1962年
《切韻音系》　李榮　科學出版社　1957年　鼎文書局影印本　1973年
《說文解字注》　漢‧許慎著　清‧段玉裁注　經韻樓刊本
　　　　　　　　藝文印書館影印本　1958年
《敦煌俗字譜》　潘重規　石門圖書公司　1978年

本文原載於1997年5月《東吳
中文學報》第三期，23-34頁。

《磨光韻鏡》在漢語音韻學研究上的價值

壹

　　韻鏡是現存的中國最古的等韻圖，宋紹興辛巳年(1161)三山張麟之爲之刊行。此書中土久佚而東傳日本至今已有七百餘年[1]。其間在日本有關韻鏡的寫本、刊本、校本以及論述等，不計其數。研究成果，相當可觀。

　　磨光韻鏡乃日本眾多研究韻鏡的著作之一，是京師了蓮淨寺沙門文雄所撰，原刻於延享紀元甲子(1744)，再刻於天明七年丁未(1787)，三刻於安政四年丁巳(1857)[2]。現藏於國立東京大學的原刻本[3]，分上下兩卷。上卷有信陽太宰純撰「磨光韻鏡序」、江東沙門釋法慧元聰撰「題磨光韻鏡後」、釋文雄撰「磨光韻鏡緒言」、「四十三轉輕重字母定局」以及釋文雄校訂的四十三圖；下卷爲釋文雄撰「韻鏡索隱」和「翻切門法」，卷末有刊記二行：

　　　延享紀元甲子秋八月　　二條通御幸町西入丁

　　　　　　皇都書肆　山　本　長　兵　衛　梓行

---

[1] 高仲華師說：「韻鏡之傳入日本，必在宋寧宗嘉泰三年(即西元1203年)與宋理宗淳祐十二年（即西元1252年）之間，其爲期約五十年，惟不知爲五十年中之何年耳。」見〈韻鏡研究〉，高明小學論叢，頁305。臺北：黎明文化事業公司，民國六十七年(1978)七月一日初版。

[2] 參見馬淵和夫，《韻鏡校本と廣韻索引》，頁460至469。東京：巖南堂書店，昭和四十八年(1973)第二刷發行。

[3] 本文所據者，除國立東京大學所藏原刻本外，尚有國立臺灣師範大學所藏安政四年丁巳(1857)刊本。卷末刊記：
　　延享紀元甲子秋八月　　原刻　大阪心齋橋通北久太郎町　河內屋喜兵衛
　　天明七年丁未夏五月　　再刻　同心齋橋通南久寶寺町　伊丹屋善兵衛
　　安政四年丁巳夏五月　　三刻

　　此外，釋文雄續撰磨光韻鏡餘論[4](以下簡稱餘論)，是磨光韻鏡一書的註解，對於我們了解磨光韻鏡很有幫助。

　　日本最早的韻鏡刊本，是在享祿元年戊子(1528)，由「泉南宗仲論師」校訂鏤版。釋文雄認為宗仲的校訂有些地方出於臆斷，爾來諸家增損者不下數十本，也是愈訂愈誤，已失韻鏡真面目，於是參考玉篇、唐韻的反切以及韓道昭五音集韻、劉鑑切韻指南，校成一本，使韻鏡復原。至於題名「磨光」者，釋文雄在「韻鏡索隱」裏說：「韻鏡明明者也。於乎！明鏡被塵翳者，殆乎千載，雄之此舉。欲一除塵翳，故以磨光題云。」又於餘論卷上解釋說：「磨光者，明李登詳校篇海云，磨，磨礪也；光，光明也。言韻鏡本有鏡光，今也書素掩而不顯，鏡光如曇然。予立論說，排謬邪，是磨礪而鏡光出也。又磨礪而光明之，故曰磨光。」

貳

　　太宰純的序文說：「雄師者平安人也。少游學於關東，嘗從予問文字，予時有以告之。師好華音，又好韻學，西歸之後，潛心韻學十有餘年，自言如有得焉。乃恨先輩治韻鏡者皆有所未盡，且不知韻鏡之用，遂有所發明，而著書數編。」因為對先輩的研究不滿意，所以釋文雄校訂韻鏡，是以補先輩之未盡、明韻鏡之為用的態度來校訂的。

　　因為欲求完備，所以原本文字若有遺漏，則取玉篇、廣韻、五音集韻、古今韻會、韻學集成諸書增補，以括盡天下之音，凡補遺的字，皆加圍以識之。「緒言」說：「原本文字取于篇韻而不無遺漏，今盡備矣。廣韻素闕如者，集韻以補焉，因印口也。如第一轉　字矗字。」又云：「參訂文字凡四千二百七十有九，以括

---

[4]　本文所據者為國立臺灣師範大學藏文化四年丁卯(1807)刊本。至於其他刻本，參見馬淵和夫(1973)，頁465。

盡天下字音。取之廣韻者三千八百四十三、集韻四百三十一、玉篇三、集成一。」

　　因爲講究實用，所以就在每字下方加注反切(以廣韻反切爲主)，而右旁加注漢音、左旁加注吳音，以資對照。若反切爲類隔則更檢其他韻書改爲音和。「緒言」云：「原本靡備翻切……今附翻切爲字礎，一依廣韻，或類隔，更檢玉篇、毛韻、韻會、集韻以從音和，加圍於翻切者是也。」又云：「每字將國字譯三音，漢爲右、吳爲左、華爲前。」又脣音非系三等字，舌音二、三等知系字，齒音二、三等照系字，皆刻以黑底白字，其餘則爲白底黑字，以資區別。因爲非系字僅見於三等，知系及照系字僅見於二、三等，故特予標明，以免混淆。「緒言」云：「脣音收等，輕之與重錯雜叵辨，紫之奪朱也。今以屬非敷奉微、知徹澄娘、照穿ʌ審禪者更字爲白，其餘仍黑，以辨重輕也。」此外，如陰聲韻加配入聲；若干圖的韻目前各標橫寫的四呼；每轉韻目上標注十六攝名目等，都是就原圖加工設計，以濟於用[5]。

參

　　現在比較通行的韻鏡刊本是黎庶昌影刊於古逸叢書內的永祿七年(1564)本。今取磨光韻鏡與之對校，其可正此本之訛誤者，所在多有。

　　古逸叢書本各圖都注明開合，有單注開或合者，有開、合兼注者，與磨光韻鏡(三刻本)對校，互有異同。如：
　　內轉第一開，磨光韻鏡作合，注云：「一本作開，非矣。」
　　內轉第二開合，磨光韻鏡作合，注云：「一作開合，非矣。」
　　內轉第四開合，磨光韻鏡作開，注云：「諸本作開合，不正。

---

[5] 參見林慶勳，〈論「磨光韻鏡」的特殊歸字〉，高雄師院學報第十四期，頁380。民國七十五年(1986)三月。

切韻指南及五音集韻陂麼彼　被靡六字屬合，餘七音皆屬開也，今陂等六字屬第五轉第四，更爲開者尒。」

內轉第十一開，磨光韻鏡作合，注云：「一本作開，非矣。七音凡合口呼也。」

內轉第十二開合，磨光韻鏡作合，注云：「一本作開，非矣。」

外轉第二十六合，磨光韻鏡作開，注云：「通本作合者，非矣。此轉與二十五轉第四等全同，但宵小笑第四等無所可屬，故分立此轉耳。」

內轉第二十七合，磨光韻鏡作開，注云：「開口呼。」

內轉第三十八合，磨光韻鏡作開，注云：「閉口呼，一本作合，非矣。」

外轉第四十合。磨光韻鏡作開，注云：「一本作合，非矣。」

以上除第一、第十一兩圖，作開或作合還有不同的意見外，其餘諸圖，釋文雄的校訂是很合理的。

就上述單注開或合的圖來說。第二十六圖所列的是宵韻(舉平以賅上去，下同)的脣、牙、喉三等通及四等的字，以及精系、喻母借四等地位的字。這些字與第二十五圖的宵韻字都是屬於開口一類，因二十五圖四等已有蕭韻字占據，於是另立第二十六圖來容納它們。所以第二十六圖磨光韻鏡的說法是對的。第二十七圖所列的是歌韻字。高本漢、王力、李榮、董同龢、周法高諸家構擬的中古音值，歌韻皆作不圓脣的後低元音$[ɑ]^6$；馬淵和夫韻鏡校本と廣韻索引所據佐藤本、福德二年本、天文十九年本皆作開，與磨光韻鏡相合，故此圖作開爲是。第三十八圖所列的是侵韻字(舉平以賅上去入，下同)，第四十圖所列的是談、銜、嚴、鹽四韻的字。這些韻都是收雙脣鼻音韻尾[m]。有人認爲收[m]尾時雙脣閉合，應是合口，這是混閉口與合口爲一談。其實開合的不

---

6 參見陳新雄師，《音略證補》，附錄二，〈廣韻韻類分析之管見〉，頁180。臺北：文史哲出版社，民國六十七年(1978)增訂初版。

同，應該根據兩脣的收圓與否來區分。上述諸家所構擬的中古音值，侵韻與鹽韻均有展脣(開口)的介音[i̯](高本漢)或[j](董同龢)以及[i](王力、李榮、周法高)；談韻的主要元音皆作[ɑ][7]，銜韻的主要元音皆作[a]，都是不圓脣(開口)的。第三十八圖，大矢透隋唐音圖、大島正健改訂韻鏡均作開；第四十圖，馬淵和夫所據福德二年本亦作開，都與磨光韻鏡相合，所以這兩個圖當以作開為是。

　　再就開合兼注的圖來說。古逸叢書本的第二圖、第三圖、第四圖、第十二圖都是開、合兼注的。董同龢認為開、合兼注者，或有今日所不能考知之意義，或者由開或合誤衍而成[8]。而李新魁漢語等韻學說：「這個『開合』的注文顯然不是偶誤，也決非原來就標為開合，當是後人所改所加。著者認為，這個改動的人，可能是韻鏡卷末日本宣賢的跋語中提到的『泉南宗仲論』，即泉州的和尚宗仲論。這個泉州人可能是明代旅日的僧徒(宣賢稱之為『師』)。這位先生的鄉音剛好與韻鏡『開合』之注相吻合。如第二轉韻鏡上注作『開合』，此圖之字在閩南泉州音中恰好有[oŋ]和[uŋ]兩讀，如『攻、封、逢、奉、供、從、頌』等字念[uŋ]『冬、烆、鬆、重、共、綜』等字念[oŋ]，又可念[uŋ](念[uŋ]的是讀書音，念[oŋ]的是說話音)。因此，很可能是這位和尚從自己的鄉音出發，把本轉注為『開合』，即指明『可開可合』（又開又合)的意思。……[9]」按：雖然有人認為這位和尚不叫「宗仲論」而是「宗仲」；「泉南」是日本的地名不是中國福建南部的泉州；韻鏡所標注的「開合」，其來有自，並非宗仲所改所加等等[10]，都是研究有

[7] 同上，頁192。
[8] 見董同龢，《漢語音韻學》，頁124。臺北：文史哲出版社，民國六十六年(1977)九月印行。
[9] 見《漢語等韻學》，頁166。北京：中華書局，1983年11月第一版。
[10] 見周法高先生，〈讀韻鏡研究〉，大陸雜誌第六十九卷第三期，頁16-17，民國七十三年(1984)九月。又黃耀堃〈讀《韻鏡□　　　　　□語文研究第七期，頁57-58，1985年3月。

得之言，然而從閩南泉州音來看，韻鏡的「開合」注文與方言有關，是難以否認的事實。釋文雄在「索隱」裏引字彙卷末的話說：「讀韻須漢音，若任鄉語便致差錯。」所以他對於「開合」的注文，除第三圖外，其餘皆有修訂，或單注開，或單注合，也是很合理的。

　　古逸叢書本韻鏡各圖文字，或列等不當，或同音重出、或字有遺漏、或誤歸他韻，以磨光韻鏡校之，多可訂正其誤。茲舉例如下：

　　一　第二圖入聲燭韻喉音喻紐「欲」字，古逸叢書本列於三等。龍宇純韻鏡校注[11]云：「廣韻燭韻欲余蜀切，字當下移四等。七音略字正見喻四。」按磨光韻銕正下移於四等。依照韻圖編排的原則，三等韻喻四的字，皆借喻母下四等地位，但是古逸叢書本有些喻四的字卻列於喻母三等地位，如第八圖上聲止韻「以」字、第十一圖平聲魚韻「余」字、第三十四圖平聲清韻「營」字、第四十二圖平聲蒸韻「蠅」字，去聲證韻「孕」字等，磨光韻鏡皆有訂正。又第四圖平聲支韻從紐「疵」字，古逸叢書本列三等。龍宇純校云：「疵廣韻支韻疾移切，當在從母四等，七音略正從四作疵。」按磨光韻鏡正列於從母四等。

　　二　第一圖平聲東韻喻紐「彤」字，古逸叢書本列三等，又有「融」字列四等。龍宇純校云：「彤字廣韻東韻與喻母四等融同以戎切，不當在此。七音略此無字。」按磨光韻鏡亦無彤字。第十三圖去聲怪韻幫母「拜」字，古逸叢書本與第十四圖「拜」字重出。龍宇純校云：「此與十四轉重見，當刪。七音略此無字。」按磨光韻鏡此亦無字。

　　三　第五圖平聲支韻齒音，古逸叢書本遺漏「衰」「䚍」二字。龍宇純校云：「切二切三王一王二全王廣韻支韻並有衰字，楚尼

11　《韻鏡校注》，臺北縣：藝文印書館，民國五十八年(1969)二月三版。

切，當補於穿母二等。又切二切三王二全王廣韻支韻並有　字，
山垂切，當補於審母二等。七音略正有衰、𪗋二字，唯衰字誤在
審母二等，𪗋字誤在審母三等。」按磨光韻鏡此圖平聲穿母二等
正有「衰」字，審母二等正有「𪗋」字。

　　四　第十七圖上聲軫韻喻母三等「磒」字，龍宇純校云：「
廣韻軫韻殞磒磈磶磒霣𪉷𦯟等七字于敏切，合口，當入十八轉喻母
三等。七音略十八轉有磒字是也，唯其十七轉愪字亦當刪去。」
按切韻軫、準二韻不分，廣韻分之，而「殞」等七字誤入軫韻。
周祖謨陳氏切韻考辨誤說：「廣韻準韻字麇(原作緊)丘尹切，王一
作丘磒反、王二作丘殞反，是尹殞同韻之證[12]。」故「殞」字應
入準韻為是。古逸叢書本亦誤入軫韻，而磨光韻鏡「殞」字入第
十八圖準韻喻母三等，不誤。又第二十一圖去聲線韻幫母四等「
編」字，龍宇純校云：「王一王二全王唐韻線韻無徧字，字見霰韻
，王一王二全王博見反，唐韻博燕反，廣韻則霰韻無此字，字在
線韻，然音方見切，仍當是霰韻字。查徧字王韻唐韻在韻中，廣
韻在韻末，蓋廣韻霰韻脫徧字，及發現而補之，又誤入線韻耳。
本書此徧字，當是淺人據廣韻所增。七音略此亦有徧字，同誤。
」按「徧」字磨光韻鏡僅見於第二十三圖去聲霰韻幫母四等，而
第二十一圖去聲線韻無「徧」字，不誤。

<h3 style="text-align:center">肆</h3>

　　韻鏡的作者及撰著年代，張麟之刊行韻鏡之時，就已不太清
楚，他推測此書作於神珙，他說：「韻鏡之作，其妙矣夫！余年二
十始得此學字音。往昔相傳，類曰洪韻，釋子之所撰也。有沙門
神珙，號知音韻，嘗著切韻圖載玉篇卷末，竊意是書作於此僧，
世俗訛呼珙為洪爾，然又無所據。自是研究，今五十載，莫知源

[12] 見輔仁學誌九卷一期。民國二十九年(1940)。

於誰。」(嘉泰三年重刊韻鏡序)由「又無所據」,「莫知源於誰」的話,我們知道張氏的說法,只是推測之詞。但是明人梅膺祚還是說:「韻學自沈約始,而釋神珙繼以等韻,列爲三十六母,分爲平仄四聲。」(韻法直圖前言)。釋文雄不同意張、梅二氏之說,他認爲韻鏡不可能作於神珙,大概是「唐晚之製」,而撰者則「未詳其人」,理由是:

一　神珙惟論五音,未曰七音,蓋未知三十六字母之人,不可能是韻鏡的作者。「索隱」說:「鄭樵曰:『梵僧欲以其教博之天下,故爲此出,華僧從而定之,以三十六爲之母。』張麟之曰華僧蓋神珙也。梅膺祚亦曰釋神珙繼以等韻。雄按:神珙惟論五音,未知七音,豈韻鏡出於珙手者乎,予有別論之。」又餘論卷中云:「神珙傳,雖未考,彼作五音九弄十紐圖,載之玉篇卷首(宋陳彭年載之),其中有『五音聲論』云:東方喉聲,西方舌聲,南方齒聲,北方脣聲,中央牙聲。其中喉聲註,有我剛諤詻可康各字,都是牙聲字也。又牙聲註,有行幸亨字,卻是喉聲字也。其五方配屬也,謂之五聲也,皆襲古傳之謬也。由此觀之,則神珙不知韻鏡之人,故其九弄圖,有錯雜紐聲文字^{真整}_{正複},是與韻鏡齟齬。既但云五音聲,未曰七音,是蓋未知三十六母之人也,何得韻鏡之作者乎。」按四聲五音九弄反紐圖祇是利用雙聲疊韻法來說明反切取音的圖表,與韻鏡之類的等韻圖不同類型。至於載於神珙序文之上的「五音聲論」,戴震聲韻考卷四書玉篇卷末聲論反紐圖後一文謂:「珙圖無所謂字母者,惟『五音聲論』列字四十,而不曰字母,與今所傳三十六字相齟齬。……考珙自序不一語涉及『五音聲論』,殆唐末宋初或雜以附玉篇末,非珙之爲,故列之珙反紐圖前,不題作者名氏。」陳澧切韻考外篇卷三後論以爲「『五音聲論』雖非神珙所爲,然與字母齟齬,則必在字母未出之前也。」葉光球聲韻學大綱說:「五音聲論既在字母之前,而神珙序又未涉及五音聲論。則五音聲論似又當出於神珙之後。則守溫

造字母之在神珙以後。似已無可置疑[13]。」按守溫造字母既在神
珙以後，則釋文雄謂神珙「蓋未知三十六母之人也」，應是可信。
韻鏡各圖橫列七音三十六母，縱分四等，這不是「未知三十六母
之人」可以發明的。

　　二　餘論卷中說：「字母創於唐舍利，相續不可無排列字母之
圖，何談宋季。」按巴黎藏伯二○一二號守溫韻學殘卷所載「四
等重輕例」已具等韻圖之雛形，此卷劉半農嘗據紙色及字蹟，斷
為唐季寫本，潘重規師由文字切音，皆稱為反，證為唐人之作[14]
。周祖謨「讀守溫韻學殘卷後記」一文謂：「此卷『四等重輕例』
所列各韻字的等第已經與宋代相傳的韻鏡完全相同，很像是根據
一種已有的韻圖錄下來似的。其中以『丹亶遭顛』、『忒坼勅惕』
、『特宅直狄』各分列為四等，一四等為端母，二三等為知母，韻
鏡列圖也是如此。又例字中以幽韻的『鏐繆澃烋』、獮韻的『緬』
、談韻的『厭』、昔韻的『益』列為四等字，也與韻鏡相同。由此
可見韻鏡一類書的規模在唐代已經完全具備[15]。」釋文雄未覩清
末發現的敦煌音韻資料，而謂唐代不可無排列字母之圖，真是有
先見之明。

　　三　此書本名，宋人避諱改題指微韻鑑，故非宋人之作。餘
論卷中說：「況此書本名指玄韻鏡，玄鏡二字為宋國諱，宋人改題
指微韻鑑，詳張麟之序，迺知非宋人之作。」按張麟之序：「既而
得友人授指微韻鏡一編」句下注云：「微字避聖祖名上一字」；又
「韻鏡序作」題下注云：「舊以翼祖諱敬，故為韻鑑，今遷祧廟，
復從本名。」羅常培「通志七音略」研究一文謂：「如韻鏡作于宋

[13] 見《聲韻學大綱》，頁46。臺北：正中書局，民國四十八年(1959)四月臺一
版。
[14] 見《瀛涯敦煌韻輯新編》，頁82至83。臺北：文史哲出版社，民國六十三年
(1974)六月臺初版。
[15] 見《問學集》，上冊，頁505。臺北：知仁出版社影印，民國六十五年(1976)。

人，則宜自始避諱，何須復從本名？儻有本名，必常出于前代[16]
。」亦同釋文雄之說。

　　四　唐武宗會昌之前，未聞有韻鏡七音之事。餘論卷中云：「
弘法、慈覺二大師，共當季唐中葉，入華歸朝之後，論悉曇，若
音韻之學，有著述，未曾有曰韻鏡七音之事，仁公高資五大院安
然，著悉曇藏，尙論五音，則與四聲配。由此觀之，唐武宗會昌
之前，韻鏡未起者乎。」

　　由以上四點，釋文雄推論韻鏡非出於神珙之手，然不詳何人
所撰，其撰著年代不可能在唐武宗會昌（841~846）之前，應是
晚唐之作。

　　韻鏡成書之年代，近數十年來，學者多有論證，或曰原型出
於隋唐(大矢透)，或曰非宋人所創，必當出於前代(羅常培)，或曰
成書於宋，底本則據宋以前(董同龢[17])，或曰撰著年代當在宋初(
李新魁)。眾說紛紜，尙無定論。不過釋文雄之說，可以從敦煌唐
寫本音韻資料以及其他學者的論述得到印證，所以對我們現在研
究韻鏡，還是極具參考價值。

伍

　　釋文雄在「翻切門法」一章中，對等韻「門法」有精闢的闡
述，並折衷諸家，簡化門法爲八門。他說：「八門者所以議古人之
翻切者也，學者必毋以爲古人制翻切之法也。」這話講得很對。
反切之法，以二字爲一字之音；然因字音或隨時代而變遷，而反
切相沿不改；或韻圖歸字與韻書反切系統不合；以致在利用韻圖
時不易求得正確字音。等韻家乃立「門法」，以說明某類字的反切
與韻圖位置之關係，而有助於求得正確字音，所以「法門」祇是
用來說明如何根據反切在韻圖上能夠順利找出正確讀音，而不是
制作反切的方法。

---

[16] 見羅常培語言學論文集，頁105。北京：中華書局，1963年9月第一次印刷。
[17] 參見孔仲溫，《韻鏡研究》，頁27至32。國立政治大學中國文學研究所碩士論
文，民國七十年（1981）6月。

　　門法的來源很早，敦煌所發現的守溫韻學殘卷，以及韻鏡卷首的「歸字例」，已有若干門法；其後，宋代的四聲等子所載門法有九門；切韻指掌圖立十二門；元代劉鑑的經史正音切韻指南凡十三門；明釋真空直指玉鑰匙門法則多達二十門。因爲「門法」法繁旨密，一般人不容易了解，所以聲韻學家，有的主張改良門法，有的主張廢除門法，但是「門法」對我們了解等韻圖有一定的幫助。聲韻學家對韻圖的格式比較熟悉，可以不靠「門法」，但是一般人就沒有這麼容易，若沒有「門法」幫忙，有些字就不容易求得正確的讀音，所以改良「門法」，化繁爲簡，是較合理的做法。釋文雄所立的八門是：音和、雙聲、疊韻、廣通、偏狹、憑切、類隔、往還。各門的內容，略加疏釋如左：

　　第一音和　釋文雄將音和分爲四同音和與三同音和。他說：「四同音和者，切韻指掌云：『取同音同母同韻同等。四者皆同謂之音和。……如玉篇魚鞭切言，廣韻德紅切東……是也。……四同者，如德江切東，德切與東歸同是舌清音，謂之同音，……又切與歸同是端母，謂之同母，……‧又紅韻與東歸同是東韻，謂之同韻，……又德切紅韻東歸同是第一等謂之同等，……故曰四同音和。音謂反音，和謂調和也。」按：凡反切上字和被切字同音(七音)、同清濁、同字母(如三十六字母之類)；反切下字和被切字同韻(韻母)；而反切上字、反切下字、被切字三者皆同等(同屬四等中之某等)，就是四同音和。釋文雄說它是「翻切之正法」。四同音和之例如左圖所示(見釋文雄餘論卷下。下同。)

四同音和之圖

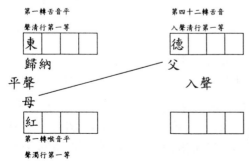

　　至於三同音和，釋文雄說：「三同音和者，闕上四同中第四同等，餘皆同。如玉篇總目五鞬切言，廣韻古懷切乖，禮部韻私多切鬆，…是也。謂五切一等，鞬韻言歸並三等，又私切四等，多韻鬆歸並一等之類，不同等也。……故稱三同音和，亦稱異位音和。」按：凡反切上字與被切字同音、同清濁、同字母而不同等，反切下字與被切字同韻同等，就是三同音和。

三同音和之圖

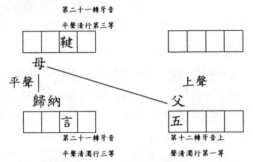

　　凡是音和的反切，在韻圖中很容易找到所求的字音。

　　釋文雄將切韻指掌圖董南一序所謂的「憑切」(董序：同韻而分兩切者謂之憑切)、「憑韻」(董序：同音而分兩韻者謂之憑韻)，釋真空的「三二精照寄正音和門」及「內外門」的一部分(屬於外轉的部分)併入此門。他在餘論卷下說：「所謂憑切、憑韻者，指掌乘人切神，承真切辰為憑切。巨宜切其，巨沂切祈為憑韻，皆今音和也……。精照寄正者，指南意，齒音第三等為父，餘音第二等為母，歸第二等者，稱精照寄正音和衝山切獰
周齱切札，今之異位音和也周齱切札
寄韻異位。內外之分者，指南所立內外門有二類，一為憑切、二音和。如彼云古雙切江、德山切䜘，則今為三同音和，故曰內外之一分又一分
為憑切。」按：獰充山切，上字「充」屬於三等照系中的穿紐，下字「山」屬二等韻，董同龢等韻門法通釋說：「章系(按即照系)字照例不見於二等，所以『獰』得認作莊系字。不過莊系既與章系併為照等，如果不實際區辨他們，這個反切還像是『音

和[18]』。」根據董氏的說法，釋文雄將「精照寄正音和門」歸入「音和門」，也不無道理。至於「內外轉門」是說照系二等(即莊系)用作反切下字時，若逢內轉，所切字音應於三等求之，如古雙切薑；若逢外轉，所切字音應於二等求之，如古雙切江。董同龢等韻門法通釋說：「『外轉』的莊系字卻無論切什麼都在本等，只要聲母別無問題，就是合格的『音和』了，哪能另算一種『門法』呢？[19]」所以釋文雄將「內外門」中屬於外轉的一部分併入「音和門」，是很正確的。

　　第二雙聲　釋文雄說：「指掌云：『同歸一母』則為雙盤，母謂字母也。雙，偶也，謂二物相並也；聲者四聲也。聲聲豎雙，謂之雙聲也。如玉篇靈歷切歷，章灼切灼，廣韻芳肧切肧，指掌和會切會是也。」按根據釋文雄所舉的例子，他所說的雙聲，是指反切下字與被切字同聲(聲調)同字，與一般所謂的雙聲的意義不同。

雙聲之圖

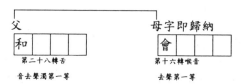

　　第三疊韻　釋文雄：「指掌云：『同出一韻』則為疊韻者，疊謂重疊，韻謂二百六韻也。切韻二字如一韻同等相對，則切音與歸音重疊，故直以切字為歸音，謂之疊韻，如玉篇指南掌兩切掌，指掌章良切章，……是也。」按釋文雄所謂疊韻，是指反切上字與被切字同韻同字。也與一般所謂疊的意義不同。他在餘論下篇說：「雄按：如雙聲者下字，疊韻者上字，迺所音釋之字也耳。用同字釋之則何以分之，故古韻書用此反切僅僅爾，後世韻書靡

[18] 見董同龢龢先生《語言學論文集》，頁77。臺北：食貨出版社，民國六十三年(1974)11月初版。
[19] 同上，頁70。

用此翻切，切韻指南所以不立此門也。」

疊韻之圖

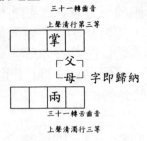

第四廣通　釋文雄說：「指掌圖云：『所謂廣通者，第三等通及第四等(字)也。』又云：『旨脂真諄蕭仙祭，清青六韻廣通義[20]，正齒第三爲其韻，脣牙喉下推尋四。』謂逐韻單行爲三四同，自三而外及四，廣通于外，故以名焉。如廣韻巨支切衹，指掌余支切頤……是也。」按：今通行本切韻指掌圖[21]作：「支脂真諄蕭仙祭，清宵八韻廣通義，正齒第二爲其韻，脣牙喉下推尋四。」與釋文雄所引者有出入，蓋所據之本不同。四聲等子立有「辨廣通侷狹例」，云：「廣通者，第三等字通及第四等字，……凡脣牙喉下爲切，韻逢支脂真諄仙祭清宵八韻及韻逢來日知照正齒第三等，並依通廣門法於第四等本母下求之。」蓋謂反切上字爲脣牙喉音，下字屬支脂真諄祭仙宵清諸韻之來、日、知系、照系的三等字，所切的字應於四等求之。因爲支脂諸韻的脣牙喉音有一部分由三等通及四等。這個門法是爲有重紐的支脂真諄祭仙宵清八韻而設。釋文雄所引者卻包括旨、蕭二韻。旨韻是支韻的上聲，不必另列，蕭韻沒有重紐，應該不包括在內。

廣通之圖

---

[20] 釋文雄說：「旨脂一，真諄一，蕭一，仙一，祭一，清青一，凡六韻，是指掌韻法也。」見《韻鏡餘論・卷下》，頁27。
[21] 渭南嚴氏音韻學叢書本。臺北：廣聞書局，民國五十五年(1966)1月初版。

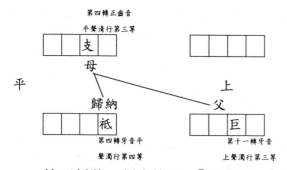

第五偏狹　釋文雄說：「指掌云：『偏狹者，第四等字少，第三等字多也。』又云：『鍾陽虞魚蒸麻尤，侵鹽八韻偏狹收，影喻齒頭四為韻，卻於三上好推求[22]。』謂可歸四而之三，則自外四縮內三，偏狹之義也。指南謂之『侷狹』。切在單行一二四，切逢諸母第四等而歸第三者，謂之偏狹，准廣通立此門也。」按：今通行本指掌圖作：「鍾陽蒸魚登麻尤，之虞齊鹽侷狹收。」與釋文雄所引者有出入。四聲等子辨廣通侷狹例云：「侷狹，第四等字少，第三等字多也。凡脣牙喉下為切，……韻逢東鍾陽魚蒸尤鹽侵，韻逢影喻及齒頭精等四為韻，並依侷狹門法，於本母下三等求之 居容切恭字
居悚切拱字 。」蓋謂反切上字為脣牙喉音，下字屬東鍾等九韻的影母、精系四等及喻母四等，所切之字應於三等求之。這種反切下字在四等，所切字音在三等的情形，也就是釋文雄所說的「自外四縮內三」。指掌所舉韻目較等子少東侵二韻，多之虞齊麻登五韻，其中登為一等韻，齊為四等韻，皆不得納入，可能是誤增[23]。

偏狹之圖

---

[22] 釋文雄說：「虞魚合為一韻，餘各一韻，故為八，亦是指掌韻法也。」見《韻鏡餘論・卷下》，頁28。

[23] 參見姚榮松，《切韻指掌圖研究》，頁126。國立臺灣師範大學國文研究所碩士論文，民國六十二年(1973)六月。

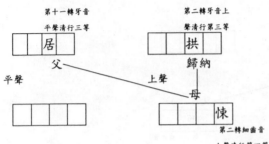

第六憑切　釋文雄說：「憑，依也；切指翻切之上字言。指南立日寄憑切、喻下憑切之名者是也。……憑切有多類，指南所謂窠切、振救、正音憑切、寄韻憑切、喻下憑切、日寄憑切、前三後一、刱立音和、通廣侷狹及內外門之一分、皆統為今之憑切門[24]。如廣韻息有切潚，指南詳邐切似，為正憑切。……」按：憑切就是以反切上字來決定被切字的等第。例如切韻指南「振救門」的內容是說：反切上字屬精系，下字屬三等，被切字不隨下字同屬三等，而在精系所居之四等。其他如指南的窠切、正音憑切、寄韻憑切、喻下憑切、日寄憑切、內外門的一部分，以及釋真空直指玉鑰匙門法的前三後一、就形、刱立音和、通廣侷狹諸門，無非是以反切上字為辨等的標準。釋文雄將這些門法統攝為憑切一門，以簡馭繁，是很合理的。

憑切之圖

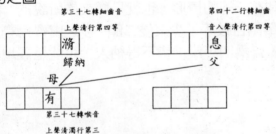

第七類隔　釋文雄云：「切韻指掌云：『傍求則名類隔。』又云：『類隔切字，取脣重脣輕、舌頭舌上、齒頭正齒、三音中清濁

---

[24] 按前三後一、刱立音和、通廣侷狹，皆是釋真空直指玉鑰匙門法所增者，釋文雄歸之指南，不知何據？

同者，謂之類隔。』按清濁同者是類也，一類而輕重不同謂之隔也。又傍求者，指掌圖輕重傍布左右也，與韻鏡重復上下者不同，故切與歸清濁一音而分在兩處謂之傍求也。如玉篇丁角切啄，廣韻方典切編，指掌補微切非，指南都江切椿是也。」按：反切之正例為音和，但是韻書的反切，有重脣與輕脣、舌頭與舌上、齒頭與正齒相互為切者，這是由於古今聲音變遷不同所造成的。例如都江切椿，反切上字「都」是端母清音，被切字「椿」是知母清音，二字都是清音，而重輕不同，故謂之類隔。釋文雄對指掌圖所謂「傍求」的解釋相當精闢，韻鏡將三十六字母分排二十三行，因此重脣四母與輕脣四母重疊而分排四行。舌頭四母與舌上四母也一樣，齒頭五母與正齒五母重疊而分排五行，所以說是「重復上下」。指掌圖將三十六字母分排三十六行，一個字母一行，於是脣音、舌音、齒音就不會重疊而「傍布左右」。遇到類隔切時，就要往左右「傍求」了。難怪釋文雄才會得意地說：「傍求者，舊解未有一人解之，陋哉[25]！」切韻指南立有類隔、輕重交互、精照互用諸門；類隔門是為舌音類隔所立的門法，輕重交互門是為脣音類隔所立的門法，精照互用門是為齒音類隔所立的門法，又釋真空直指玉鑰匙的麻韻不定之切一門，是專為爹字邪切所立的門法，也可附於類隔，所以釋文雄將這四門合併為類隔一門。

類隔之圖

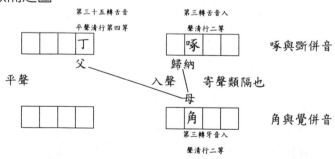

[25] 見《韻鏡餘論・卷下》，頁30。

第八往還 釋文雄說:「往還者,字母相通也,其品居多。如廣韻奴亥切疧[26],韻鏡收日母,則泥日往還也。疧音不與乃同,故集韻爲如亥切。是憑切也,歸日母爲正。如饒字,廣韻作女交切,收娘母,指掌爲日交切,則娘日往還也。指掌歌曰:『日下三爲韻,音和故莫疑,二來娘處取,一四定歸泥。』……。」按:唐寫全本王仁昫刊謬補缺切韻上聲一等韻海韻疧字與泥母乃字同奴亥反,而韻鏡第十三圖收半齒日母一等,疧字不與乃字同甘,故五音集韻疧字音日母如亥切,而日母例無一等字,切韻指南就將疧字收日母三等。海韻疧字王韻作泥母奴亥反,五音集韻作日母如亥反,同韻而分兩切,就是指掌圖所謂的憑切。泥日往還、娘日往還,都是古今音變所致,章太炎娘日二紐歸泥說一文可證。釋文雄所舉往還之例尚有:疑喻往還、牀禪往還、從邪往還、曉匣往還、影喻往還,這些字母相通的情形,可能是方音的影響。釋文雄說:「往還雖有數目,都是類隔之屬也而已,元非正法,集韻及指南所以不立此門也。」是說字母相通,雖然種類很多,也可以算是類隔的一種,所以集韻及指南不立此門。

往還之圖

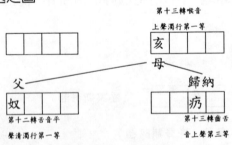

按以上所立八門,除雙聲、疊韻二門與門法沒有直接關係外,其餘六門,都是釋文雄通盤了解各家等韻門法之後,兼取各家之說所歸納出來的精華,對我們研究了解門法大有幫助。

---

[26] 按廣韻(張氏澤存堂本)上聲海韻疧字如亥切,與乃字奴亥切不同音。

　　清代學者龐大堃(1788~1859)在文雄之後，也有改良門法之議。龐氏所著等韻輯略歸納爲「八法」，他說：「指掌有音和、類隔、憑切、內外、通廣、侷狹、開合諸法，指南分類隔爲三，曰端知類隔、曰輕重交互、曰精照互用；憑切爲五：曰窠切、曰正音憑切、曰寄韻憑切、曰喻下憑切、曰日寄憑切、益以振救，爲門法十三而開合不與焉。僧真空直指門法，增正寄音和、不定之切、通廣侷狹、前三後一、就形、創立音和，并開合爲二十。今按正寄音和，本屬音和；類隔三門，均歸類隔，不定之切，亦可附類隔；憑切五門及振救之半，與通廣侷狹，均歸憑切，創立音和，可附侷狹，無庸另出，因就指掌所列，加振救爲八法。」龐氏歸納的八門，雖與文雄的八門有同有異，而精神則一，皆有功於韻學。

陸

　　由以上的敘述，我們知道磨光韻鏡在實際運用、韻鏡校勘、及簡化門法方面，有很高的價值。此外，下卷的「韻鏡索隱」泛論韻鏡及其他音韻問題。其中，論韻鏡與悉曇有關、謂韻鏡二百六韻細分之則爲二百九十九韻，駁四聲與韻學創乎沈約之說、斥朱熹什音之謬等，亦皆極有見地。因爲時間的關係，茲不復贅，俟他日再論。

　　韻鏡在日本經明了房信範閱讀而加和點，遂行於世，至寬永三年(1626)住譽無絃撰韻鏡切要鈔，寬永四年法橋宥朔撰韻鏡開奩以後，始盛行爲專門之學[27]。據馬淵和夫撰韻鏡校本と廣韻索引所載，日本現存韻鏡的寫本、刊本有五十五種左右，論述竟達二百五種之多。不過大矢透於韻鏡考中曾加以批評說：「自此書和點以來，舉凡此六百年間，一直在繼承研究中，但是大致所爲何事

---

[27] 參見韻鏡餘論卷上，頁1。

？如本居宣長、義門法師等人，則取與我國字音假名來應用，較接近實際運用，而大多數人，則緊隨宋儒所研究者，解釋經史上之反切，墨守門法，徒增煩瑣，空想音韻，耽窮其年，或眩惑於構圖門法與名目之幽旨妙理，實莫知韻鏡究為何物？而不明當先從歸字上來研究韻鏡[28]。」從大矢透所批評的各點來看，我們知道釋文雄的磨光韻鏡已確實做到實際運用、簡化門法、並且從歸字上來研究韻鏡，可說是一部很有價值的音韻學著作。

　　後記：這是民國七十五年九月在日本東京舉行的「中國域外漢籍國際學術會議」中宣讀的一篇論文。今據初稿修訂，改正若干疏漏之處。承蒙同門林慶勳學長惠贈珍貴資料並有所指正；聯合報國學文獻館陳捷先館長惠允轉載。謹此致謝。

本文為1986年9月於日本東京，中國域外漢籍國際學術會議宣讀論文。原載於1987年12月《中國域外漢籍國際學術會議論文集》，169-196頁，聯合報國學文獻館。又修訂稿刊載於1988年1月《東吳文史學報》193-209頁，第六號。

---

[28]　見大矢透，《韻鏡考》，頁9，著者發行，大正十三年[1924]12月。譯文引自孔仲溫(1981)，頁40。

林景伊先生「《廣韻》批校」

　　先師林景伊先生嘗取唐人韻書殘卷，批校黎氏古逸叢書本《廣韻》，比較同異，刊正　誤，而陳澧《切韻考》之說若有未妥者，亦時有辨正，朱墨琳琅，用力甚勤。余曾蒙　先師慨允。借錄一過，獲益匪淺。今就所錄，取其有助於研究唐宋韻書之音切者，董而理之，略爲箋釋，條述如左，以明師說之精當也。

壹　訂正陳氏《切韻考》之未妥者

一　下平聲二十四鹽韻：鹽，余廉切。炎，于廉切。
　　校語：「鹽余廉切、炎于廉切，此韻淹字央炎切、　字一鹽切。陳氏謂一央聲同類，則炎鹽韻不同類，則亦與廉韻不同類，因分爲二類，謂此炎字切語用廉字，乃係疏忽。案淹懕實爲一類，陳氏以其切語異而分之，非也。韻末鍼字，陳氏曰鍼字巨鹽切與箝字巨淹切音同，懕此增加字。然則言淹既分二類，巨淹、巨鹽何得同？此自破其說也。」
箋釋：陳氏《切韻考》(卷五葉四十七)云：「炎于廉切，此韻淹字央炎切、　字一鹽切，央一聲同類，則炎鹽韻不同類。鹽字余廉切，炎與鹽韻不同類，則亦與廉韻不同類。炎字切語用廉字，此其疏也。」又云：「此韻末有鍼字巨鹽切與箝字巨淹切音同，又已見二十一侵，此增加字，今不錄。」案淹字享祿本《韻鏡》列於第三十九圖鹽韻喉音影母三等，懕字列於第四十圖鹽韻喉音影母四等，爲三、四等重紐，陳氏因謂此二字韻不同類。箝字享祿本《韻鏡》誤列於第三十九圖添韻牙音群母四等（字作鉗，爲箝之或體。）惟嘉吉本、天文十九年本、天理大學圖書館別本、佐藤

本皆列於鹽韻三等[1]。鍼字，應永元年本《韻鏡》列於第四十圖鹽韻牙音群母四等[2]。又《七音略》以箝字列於第三十一圖鹽韻牙音群母三等，鍼字列於第三十二圖鹽韻牙音群母四等。然則箝鍼二字亦爲三、四等重紐，準淹　二字韻不同類之例，則箝鍼二字亦韻不同類也。陳氏以鍼字巨鹽切與箝字巨淹切音同，爲增加字而不錄，是前後違異，而自失其例也。　林先生蓋以三、四等重紐爲同音，故云淹　實爲一類，而陳氏以其切語異而分之，非也。

二　去聲五寘韻：倚輢陭，於義切。

校語：「陳氏《切韻考》曰：『倚　陭三字於義切與縊字於賜切音同，倚　二字又已見四紙，此增加字也。』恐未必然也。」

箋釋：倚字於義反、縊字於賜反，俱見於《伯三六九六》、《王一》、《王三》、《王二》，而倚紐列於縊紐之前，非《廣韻》增加字也。又倚縊二紐，《韻鏡》享祿本、元和本、天文八年抄本第四圖分置於寘韻喉音影母三、四等[3]，爲三、四等重紐，是此二紐宜並收。陳氏不錄倚於義切一紐，失之。

貳　校訂《切韻》系韻書之音切者

一　上聲四紙韻：倚猗椅旖輢，於綺切。

校語：「《切韻》輢字另立一紐於綺反與倚同，是陸氏之疏而誤之也。」

箋釋：　景伊師〈切韻韻類考正〉(頁一四七)云：「《廣韻》倚，於綺切，凡倚、猗、椅、旖、輢五字。輢字刊謬本《切韻》無。《切韻》殘卷則重書一切語於綺反。蓋增加者之疏也。」案輢字《切三》於綺反，與前倚椅等字於綺反，切語全同，非是。《王

---

[1] 見馬淵和夫《韻鏡校本比廣韻索引》，頁 92。

[2] 見前引書，頁 95。

[3] 見前引書，頁 23。

三》同《切三》，惟於 下注云：「於綺反車輢，陸於倚韻作於綺反之，於此輢韻又於綺反之，音既同反，不合兩處出韻，失何傷甚，一。」

《王一》切語殘缺，僅餘注文云：「[ ]此輢韻又作於綺[ ]何傷甚，一。」《王二》、《廣韻》輢字歸入倚紐於綺反下，《王二》騎下注云：「車：陸本別出。」

二　上聲五旨韻：揆，求癸切。

校語：「揆，《切韻》蔡癸反，疑係葵癸切之誤。」

箋釋：揆字《切三》蔡癸反，蔡字當爲葵字之誤。《王一》、《王三》、《王二》皆作葵癸反可證。

三　上聲八語韻：汝，人渚切。

校語：「汝，《切韻》作知與反，如乃如之訛也。」

箋釋：汝字《切三》知與反，知字《王三》、《王二》陟移反，《王一》、《廣韻》陟離反，俱屬知母，則知字不可切日母之汝，知字當爲如字之誤。《王一》、《王三》、《王一》、《伯五五三一》俱作如與反可證。

四　上聲三十二皓韻：道，徒皓切。

校語：「道，《切韻》徒沼反，疑沼字乃浩之誤。」

箋釋：道字《十韻彙編》所錄《切三》作徒沼反，乃誤抄也。《切三》原卷作徒浩反，是也。《王一》、《王三》亦作徒浩反可證。

五　上聲三十六養韻：想，息兩切。

校語：「想，刊謬本作自兩切，自乃息之誤也。」

箋釋：想字《王二》自兩反、自字從母，當是息字之誤。《伯四九一七》、《切三》、《王一》、《王三》、《廣韻》俱作息兩反可證。

六　上聲五十三豏韻：喊，呼豏切。

校語：「喊，刊謬本子減切，疑子乃乎字之誤。」

箋釋：喊字《王一》、《王三》、《王二》子減反，《廣韻》呼豏

切。《唐寫全本王仁昫刊謬補缺切韻校箋》（頁四〇四）云：「疑子字原作乎，爲增加字。」《廣韻》呼慊切則與前闞字火斬切同音。案《切三》本韻無此紐，蓋增加字也。

七　去聲九御韻：著，陟慮切。

　　校語：「著，《唐韻》所慮反，疑誤。」

　　箋釋：著字《唐韻》所慮反。案所慮反與疏字所據反同音，非也。《王一》、《王三》、《王二》俱作張慮反，《廣韻》作陟慮切，是也。

八　去聲十二拜霽韻：帝，都計切。

　　校語：「帝，都計反，《唐韻》許計反，誤。」

　　箋釋：帝字《唐韻》許計反。案許字《切三》、《王一》、《王三》、《廣韻》並音虛呂反，俱屬曉母。帝字端母，《唐韻》以許切帝，非是。帝字《王一》、《王三》、《王二》、《廣韻》俱作都計反，是也。

九　去聲十四泰韻：奈，奴帶切又奴箇切。

　　校語：「奈，《唐韻》作又如箇反，如字誤。」

　　箋釋：《唐韻》去聲十二泰韻，奈字奴帶反（又）如箇反。又去聲三十八箇韻，奈字奴箇反，又奴帶反，案如箇、奴箇同切一音，而如屬日母，奴屬泥母，聲不同類，非是。箇韻奈字，《韻鏡》列於第二十七圖泥母一等，則《唐韻》泰韻奈字又如箇反，如乃奴字之誤。《王三》、《王二》泰韻奈字俱作奴帶反又奴箇反可證。

十　去聲六十梵韻：劍，居欠切。欠，去劍切。俺，於劍切。

　　校語：「劍、欠、俺刊謬本在釅韻，《唐韻》韻末有嚴字。」

　　箋釋：劍、欠、俺三字《王二》俱入去聲五十六嚴韻（即《廣韻》去聲五十七　字）　字作覺欠反，欠字作去　反，俺字作於欠反。《唐韻》去聲五十九梵韻，韻末有嚴字。案　、欠、俺三字《伯三六九四》、《王一》、《王三》、《唐韻》、《廣韻》均在梵韻，

惟《王二》此三字俱入嚴韻。伯元師《廣韻韻類分析之管見（頁八十六）云：「本韻（梵韻）劍居欠切、欠去劍切、俺於劍切三字，當併入五十七𠢹與𠢹魚欠切、脅許欠切、𢫫丘𠢹切為一類。」是《廣韻》梵韻劍、欠、俺三字宜從《王二》改入𠢹韻也。

去聲嚴字，《王一》、《王三》、《王二》均入去聲嚴韻[4]，而《唐韻》去聲五十九梵韻與五十七陷韻、五十八鑑韻連接，不立嚴韻，故嚴字收入梵韻之末。

十一　入聲五質韻：密，美畢切。

校語：「《切韻》、《唐韻》密均作美筆切，《廣韻》各本作美畢切，誤也。陳氏已依《玉篇》及徐鍇改正。」

箋釋：密字《廣韻》美畢切，與前蜜字彌畢切同音。案密蜜二字《韻鏡》分置於第十七圖唇音明母三等與四等，為唇音三、四等重紐，切語下字宜有分別。《切三》、《王一》、《王三》、《王二》、《唐韻》均作美筆反，當从之。

十二　入聲二十一麥韻：𧙕，士革切。

校語：「𧙕，刊謬本𧙕人自反自立一紐。」

箋釋：𧙕字《王二》人白反。此字《王一》、《王三》、《伯五五三一》、《廣韻》均見本韻賾紐；《廣韻》又見本韻𪉕紐楚革切下。案《王二》此音人白反，人疑是叉字之誤，白字在陌韻。

十三　入聲二十二昔韻：石，常隻切。

校語：「石，《唐韻》常侯反，誤。」

箋釋：石字《唐韻》作常侯反，侯蓋隻字俗訛。《廣韻》石字常隻切可證。石字《切三》、《王一》、《王二》均作常尺反，不誤。

十四　入聲二十四職韻：識，賞職切。

---

[4] 《王三》卷四去聲目錄有五十六嚴，注云：「魚淹反，陸無此韻目自失。」而正文韻次為五十五鑑、五十六梵，無嚴韻，當係誤奪。

校語：「識，《唐韻》常寔反，誤。」

箋釋：《唐韻》去聲三十一職韻識字常寔反。識字審母，常字禪母，不合。常即賞字之訛，《廣韻》識字賞職切，賞字屬審母。識字《王三》作商職反，《王二》作聲職反，反切上字亦均屬審母，是也。

十五　入聲二十六緝韻：十，是執切。

校語：「十，《唐韻》楚執反，訛。」

箋釋：十字《唐韻》作楚執反，與届字初戢反同音，非是。《切三》、《伯三七九九》、《王三》、《王二》、《廣韻》均作是執反，是也。

十六　入聲二十八緝韻：煜曄熠騽，為立切。

校語：「刊謬本熠紐凡煜　燁三字爲立切又於煜切。」

箋釋：「《切三》煜紐凡煜曄二字爲立反；《伯三七九九》同《切三》[5]；《王三》煜紐凡煜曄熠三字爲立反；《唐韻》同《王三》；《王二》此紐首字作熠，音爲立反又於煜反，凡熠騽燁三字。《唐寫全本王仁昀刊謬補缺切韻校箋》（頁七〇七）云：「《王二》熠下云爲立反火兒，與《切三》、《唐韻》、《廣韻》煜字注同，而別無煜字，熠當是煜字之誤。」」

參　考定增加字者

一　上平聲二十七刪韻：詮，阻頑切。

校語：「詮爲增加字，頑應在山韻。」

箋釋：　景伊師〈切韻韻類考正〉（頁一八二）云：「《廣韻》此韻末有詮阻頑切，《切韻》殘卷此韻無頑字、詮字。恐係此韻之增加字而誤入也。」案《切三》、《王二》本韻無此音。《廣韻》本韻有頑字五還切，《切三》、《王三》本韻無此字。《切三》、《王三》

---

[5]　《伯三七九九》紐首煜字誤作　。

鰥字古頑反，頑字吳鰥反，俱在平聲山韻。《廣韻》鰥字古頑切在山韻，頑字五還切在刪韻。當《切三》、《王三》移刪韻頑字入山韻，跧字切語下字用頑字，亦當移入山韻。

二　上聲十二蟹韻：挈，丈夥切。夥，懷卝切。扮，花夥切。

校語：「夥字懷卝切而下字切語不用之，且又見三十四果，此乃增加字也。挈字丈夥切，扮字花夥切，夥字既係增加字，此字亦必增加字。」

箋釋：　景伊師此用陳氏《切韻考》之說（卷四葉三十二）。案挈、夥、扮三字，俱在韻末，又《廣韻》以前韻書《切三》、《TIVK七五・一〇〇b》、《王三》皆不收，為增加字無疑。

三　上聲三十四果韻：爸，捕可切。奲，作可切。

校語：「爸捕可切，奲作可切，可在三十三哿，此增加字之誤也。」

箋釋：陳氏《切韻考》（卷五葉十五云）：「此韻末有爸字捕可切，奲字作可切，……可字在三十三哿，爸奲皆哿韻增加字誤入此韻。」案爸字《切三》不收，《王一》、《王三》俱作蒲可反，蓋王韻增加字也。奲字《切三》、《王一》、《全王》俱不收，蓋《廣韻》增加字也。

四　去聲五十五豔韻：劉，於驗切。

校語：「《唐韻》無愴字，刊謬本在韻末，疑增加字也。」

箋釋：《王一》去聲五十豔韻，厭紐於豔反下收愴字，注云又於驗反，又於韻末別出愴字於驗反又於豔反。《王三》、《王二》、《唐韻》、《廣韻》同《王一》，惟《唐韻》韻末不另出愴於驗反一紐。案《伯三六九四》厭紐於艷反下愴字不收又音於驗反，韻末亦無愴於驗反一紐。然則愴字於驗反，乃增加字無疑也。

五　去聲五十九鑑韻：覽䨲，子鑑切。

校語：「刊謬本均未有䨲子鑑反，鬢下鑑反，疑增加字也。」

　　箋釋：《伯三六九四》、《王二》覽紐子鑑反，凡覽一字，又於韻末別出霻字子鑑反，與前霻字切語全同，乃增加字也。案霻字當據《唐韻》、《廣韻》併入覽紐下。

　　《伯三六九四》、《王二》韻末有鬟，音下鑑反，訓沈。案下鑑反與前鬠字胡懺反同音，乃增加字也。《王一》、《王三》、《唐韻》、《廣韻》本韻無此字。《王三》字見平聲刪韻還紐胡關反下，訓髻；《廣韻》亦見刪韻還紐胡關切下，訓髻鬟，並與《伯三六九四》、《王一》此字音義迥異。

六　入聲十三末韻：繓，子括切。

　　校語：「繓子括切與鬟姊末切音同，《切韻》亦然，陳氏謂增加字也。」

　　箋釋：　景伊師〈切韻韻類考正〉（頁一八一）云：「此韻有鬟，姊末切，與繓子括切音同。考之《切韻》、《唐韻》、《廣韻》皆不然。陳氏謂：繓撮攥三字雖不在韻末，亦增加字也。按此蓋當時搜集諸家音韻之時，因切語不同，而忘併也。今錄鬟字，而併繓於鬟。」此　陳氏《切韻考》之說，併繓於鬟。案鬟字《切三》、《伯三六九四》、《王一》、《王三》均作姊末反，《王二》作子末反。姊即姊字俗書[6]，《唐韻》姝字當是姊字之訛。鬟字切語下字用末字，故《唐韻》、《廣韻》歸合口末韻，惟鬟字當讀開口。《集韻》字見曷韻子末切，《七音略》外轉第二十三圖入聲曷韻精母一等有嘈字，《集韻》嘈鬟同紐。《磨光韻鏡》亦列鬟字於外轉第二十三開曷韻精母一等。據此，則《唐韻》、《廣韻》鬟字宜入曷韻。

　　以上迻錄　林先生《廣韻》批注凡二十四條，或辨正陳氏《切韻考》之說，或校定《切韻》、《唐韻》、《廣韻》之音切，或考定唐宋韻書之增加字，遇有危疑，必詳考依據，果有不決，則不妄

6　見　潘師重規《敦煌俗字譜》，頁63。

下斷語，要皆立論精當，甚具價值。是以不揣譾陋，箋釋如上，是否得當，尙祈方家不吝賜正。

引用參考書目

廣韻
　　黎氏古逸叢書覆宋本　藝文印書館百部叢書
　　張士俊澤存堂覆宋本　藝文印書館
　　廣韻校本　周祖謨　世界書局
切韻考　清陳澧　學生書局
陳氏切韻考辨誤　周祖謨　輔仁學誌九卷一期
切韻韻類考正　林尹　師大學報第二期
廣韻韻類分析之管見　陳新雄　中華學苑第十四期
切韻系韻書反切異文譜　林炯陽　「新校正切宋本廣韻」附錄　黎明文化事業公司
廣韻音切探源　林炯陽　國立臺灣師範大學博士論文
十韻彙編　劉復　羅常培　魏建功　學生書局
瀛涯敦煌韻輯　姜亮夫　鼎文書局
瀛涯敦煌韻輯新編　潘重規　文史哲出版社
切韻殘卷諸本補正　上田正　東京大學
唐五代韻書集存　周祖謨　北京中華書局
唐寫全本王仁昫刊謬補缺切韻校箋　龍宇純　香港中文大學
韻鏡　享碌戊子覆宋本　藝文印書館
七音略　元至治刻本　藝文印書館
磨光韻鏡　釋文雄
　　延享紀元甲子初刻本　東京大學藏
　　安政四年丁巳三刻本　國立臺灣師範大學藏

韻鏡校本　廣韻索引　馬淵和夫　東京嚴南堂書店
中國聲韻學通論　林尹著　林炯陽注釋　黎明文化事業公司
敦煌俗字譜　潘重規　石門圖書公司

本文原載於 1993 年 6 月《紀念林景
伊先生逝世十週年學術討論會論文
集》499-511 頁，師大國文研究所。

聲韻學在華文教學上的效用

　　台灣各大學的中文系都設有「聲韻學」必修課程。講授內容包括:語音學基本知識、古今聲韻的流變等。這些知識,可以應用在學習語言、教學與讀書等各方面。中文系畢業的學生有很多從事國語文教學工作。他們最感困難的是如何將聲韻學知識應用在教學上。因此,我想在這篇文章裏,從現行中學國文課本及相關資訊中,選取一些材料,來說明聲韻學在國語文教學上的效用。

壹　音義考訂

一　假借字

　　我們在講古文時,常遇到假借字的問題,中國古書裏假借字很多,原因是語言靠聲音表達,文字是記錄語言的符號。用文字記錄語言的時候,不管這個語言是否已有記錄它的文字,隨便用一個音同或音近的字標示這個語言的聲音,這個被借來表音的字就是假借字。例如語言中出現 [*gʻi̯ŏg][1] 義爲「尋找」的這個詞,就借同音而義爲「皮裘」的「求」來標示 [*gʻi̯ŏg] 的音義。又如《管子·七法》:「亡君則不然。」「亡」[*mi̯wang] 爲「明」[*mi̯wang] 之借字。因此,假借字和本字在聲韻上的關係,必須同音或音近。但是由於古今聲韻的變遷,古代同音的字,現代未必同音,所以要解決同音通假的問題,非有古音學的知識不可。現在舉例說明如下:

　　(一)高中《國文》第二冊第十二課,《世說新語五則》:「我才不及卿,乃覺三十里。」注釋:「覺三十里,猶言差三十里。覺

---

[1] 本文所擬上古音,採用董同龢的擬測。見《上古音韻表稿》(台北,台聯國風出版社,1975,三版),其他引文則用原書之擬音。

通較，差也。」

這是說「覺」[*kɔg]（睡醒）爲「較」[*kɔg]（不等）之借字。《世說新語》中，「覺」借爲「較」之例尚有：

《世說新語・捷語》：「王東亭作宣武主簿，嘗春日與石頭兄弟乘馬出郊，時彥同游者連鑣俱進，唯東亭一人常在前，覺數十步。」

按：《廣韻》去聲三十六效：「覺，睡覺。古孝切。」又：「較，不等。古孝切。」「古孝切」國語讀ㄐㄧㄠˋ。「較」，義爲「不等」，不等就是相差或差別。「覺」「較」二字上古音同屬見母，宵部，是同音通假[2]。本課的注釋應作：「覺音ㄐㄧㄠˋ，通較，差也。」

（二）高中《國文》第四冊第十二課，李斯《諫逐客書》，所以飾後宮，充下陳。」注釋：「充下陳充，作爲也。下陳，猶後列也。指侍妾。」

「下陳」釋爲「後列」尚有待斟酌。

《戰國策・齊策》：「狗馬實外廄，美人充下陳。」陸宗達《訓話學簡論》[3]認爲此句的「陳」當爲「墀」之借字。他說：

《說文・土部》：「墀，涂地也。禮：天子赤墀。」赤墀亦曰「丹墀」。《文選・西京賦》：「青瑣丹墀。」五臣注：「丹墀，階也。以丹漆涂之，故曰丹墀。」是墀本爲宮殿的臺階，漢制未央宮以丹涂其階，故叫「丹墀」。……由此可知「下陳」就是臺階下面的地方。……所以「美人充下陳」就是在階下充滿了載歌載舞的美女的意思。

按：《廣韻》上平聲十七真：「陳，陳列也。直珍切。」上平聲六脂：「墀，塗也。直尼切。」「陳」[*d'ien]上古音屬定母，真部；「墀」[*d'ied]上古音屬定母，脂部。脂、真二部陰陽對轉。「陳」

---

[2] 參閱程俊英、梁永昌《應用訓話學》(上海：華東師範大學出版社，1989 年)，頁 110。

[3] 見陸宗達《訓話學簡論》(北京：北京出版社，1980 年)，頁 109。

「堳」二字聲同韻近而通假。陸氏此說，很值得參考。

二　同源字

　　王力《同源字典》[4]說：

> 凡音義皆近，音近義同，或義近音同的字，叫同源字，這
> 些字都有同一來源，或者是同時產生的，如「背」和「負」；
> 或者是先後產生的，如「氂」（牦牛）和「旄」（用牦牛尾
> 裝飾的旗子）。同源字，常常是以某一概念為中心，而以語
> 音的細微差別（或同音），表示相近或相關的幾個概念。例
> 如：草木缺水為「枯」；江河缺水為「涸」、為「竭」；人缺
> 水飲為「渴」。水缺為「決」；玉缺為「玦」；器缺為「缺」；
> 門缺為「闕」。

　　王力認為：「通假字不是同源字，因為它們不是同義詞，或意
義相近的詞。」（上引書，頁5）茲舉例說明如下：

　　（一）國中《國文》第一冊第十七課，《論語論學選》：「子曰：
賜也，女以予為多學而識之者歟？」注釋：「女通汝，你。」

　　王力《同源字典》認為：「這些字都是第二人稱代詞，實同一
詞。」（頁157）
茲摘錄王力的例證如下：

> njia　　汝：njiai 爾（魚歌旁轉）
> njia　　汝（女）：njiak 若（魚鐸對轉）
> njia　　汝：njiə 而（魚之旁轉）
> nə　　乃（迺）：njiə 而（泥日準雙聲，之部疊韻）
> nijə　　而：nə 你（你）（日泥準雙聲，之部疊韻）
> 書堯典：「咨汝羲暨和。」「汝」字又作「女」。
> 詩鄭風大叔于田：「戒其傷女。」書舜典：「汝陟帝位。」
> 史記五帝紀作「女登帝位」。

---

[4] 王力《同源字典》(台北，文史哲出版社，1983 年，影本)，頁 3。

詩　風雄雉：「百爾君子。」箋：「爾，汝也。」書益稷：「安
汝止。」　史記夏本紀作「安爾止。」

小爾雅廣詁：「若，汝也。」國語晉語四：「命曰三日，若
宿而至。注：「若，汝也。」。

小爾雅廣詁：「而，汝也。」左傳宣公十五年：「余，而所
嫁婦人之父也。」注：「而，女也」。

小爾雅廣詁：「乃，汝也。」書舜典：「乃言底可績。」傳：
「乃，汝也」。

廣韻：「伱，秦人呼傍人之稱。乃里切。」方以智通雅：「爾
汝而若乃一聲之轉。爾又為尒，尒又為伱，俗書作你。」

據此可知，汝女爾若而乃你諸字，都是同源字，它們都是以第二
人稱的概念為中心，而以語音的細微差別或（同音）來表示這個
概念。「女」，本義「婦人」，該字用來標示語言中出現的「njia」
音時，屬於假借字，而其與汝爾等字之間的關係，則是同源字，
不是通假。據此，本課的注釋是否可以改作：「女　汝、你的同源
字。」

　　（二）國中《國文》第四冊第十二課，《愚公移山》(選自《列
子》)：「河曲智叟亡以應。」注釋：「亡以應　亡，音ㄨˊ，通無，
亡以應是說：沒有話可以說。」

　　高啓沃《古籍通假字選釋》（頁 224）：「亡，讀 wuˊ，假借
為無。」

　　高本漢認為「亡」假借為「無」的說法不能成立。他在《先
秦文獻假借字例》[5]說：「『亡』假借為『無』，是段玉裁的說法，
因為『亡』『無』雙聲，把『亡』讀作『無』這一說的來源是很早
的。陸德明《經典釋文》注釋《禮記‧檀弓》：『稱家之有無』說

<hr/>

[5] 高本漢《先秦文獻假借字例》(台北：中華叢書委員會，1974 年，二冊)，下
冊，頁 354。

『亡』字讀ㄨㄤˊ；另一讀爲『無』，這表示他承認兩個讀法。但是，這也並不意味著陸德明是把『亡』假借爲『無』。把『亡』假借爲『無』在聲韻上是不能成立的。『亡』(由於與『無』字有部分的同義關係)只是作爲『無』字書寫上的一個省體。」

王力認爲「無」「亡」是同源字，他在《同源字典》(頁178)所舉的例證，摘錄如下：

> miua　無:miuang　亡(魚陽對轉)
> 說文：「無，亡也。」玉篇：「無，不有也。」詩唐風葛生：「予美亡此。」箋：「亡，無也。」……按，「亡」有「無」義，但仍讀武方切，不讀「無」音。廣韻下平聲陽韻：「亡，無也。」上平聲虞韻不收「亡」。

按：「亡」《廣韻》：「武方切」，微母，陽韻，上古音屬明母，陽部；「無」《廣韻》；「武方切。」微母，虞韻，上古音屬明母，魚部。「亡」「無」二字同聲(皆爲明母)韻近(魚陽對轉)，義有關連。高本漢認爲「亡」借爲「無」的說法，不能成立，極有見地。王力認爲這兩個字是同源字，正可以說明「亡」「無」相通的原因。

《水經‧濕水注》：「燕語呼亡爲無。」則「亡」「無」應該是方言差異所形成的二個同源字。

三　音讀

中國文字往往一字數音，這是古今音變、方言異讀、音隨義變、借字讀爲本字之音等因素所造成的。因此，有時要確定一字的音值，不很容易。例如：

(一)國中《國文》第一冊第十六課，邵僩《汗水的啓示》：「刹那間，我們曾感覺到母親手心中溼溼黏黏的汗水。」注釋：「刹那　音ㄔㄚˋ　ㄋㄨㄛˋ，指很短的時間。」

其實「刹那」也可讀爲ㄔㄚˋ　ㄋㄚˋ。因爲「刹那」是梵文[kṣana]音譯的一種。

　　唐玄應《一切經音義》卷二所錄《大般涅槃經》第八卷文字品，有比聲二十五字，其中梵文的舌頭聲「ta、tha、da、dha、na」，漢字以「多、他、陀、馱、那」對譯。可見「那」字是用來對譯梵文「na」音。玄應以前的梵漢對音資料，從《光讚般若波羅密經觀品第十七》(西晉・竺法護譯)到《吉藏涅槃疏》（梁・吉藏）也都是以「那」字對譯梵文「na」。

　　「那」字《廣韻》有三音，下平聲七歌：「諾何切。」中古音[ʰna]，國語讀ㄋㄨㄛˇ；上聲三十三哿：「奴何切。」中古音[ʰna]，國語讀ㄋㄨㄛˇ；去聲三十八箇；「奴箇切。」中古音[naₒ]，國語讀ㄋㄚˋ。

　　現在拿對音字有注反切的例子來說明：

　　那　乃可反　（梁武帝涅槃疏）

　　那　奴賀反　（玄應涅槃音義）

　　那　奴賀　（玄應一切經音義）

　　那　乃何反　（日本飛鳥寺信行涅槃音義）

　　那　音乃賀反此字正音乃何反今借音　（謝寺惠圓法師涅槃
　　　　經音義同異）

　　那　奴多反梵音以那牟上聲不輕不重呼之　（涅槃文字）

「乃可反」與《廣韻》上聲「奴可切」同音；「奴賀反」與(廣韻)去聲「奴箇切」同音；「乃何反」、「奴多反」與《廣韻》平聲「諾何切」同音。（涅槃文字）既以「奴多反」注「那」字之音，又云：「以那字上聲不輕不重呼之。」也就是說要把平聲「那」字轉讀爲上聲。

　　由此可知，梵漢對音是以「那」[na]的平聲或上聲或去聲對譯梵文[na]音。「那」字的去聲現在國語讀ㄋㄚˋ，也還保存古音的讀法，所以刹那ㄔㄚˋ　ㄋㄨㄛˊ，事實上亦可讀爲ㄔㄚˋ　ㄋㄚˋ。

　　（二）國語日報出版的《古今文選》第二八一期，莊子《逍

遙遊》:「宋人有善爲不龜手之藥者。」注釋:「龜ㄐㄩㄣ,皸　ㄐㄩㄣ之假借字。嚴寒手足凍裂曰皸。」

　　「龜手」「龜裂」的「龜」字,通行的字典或詞典都注爲ㄐㄩㄣ,看成「皸」的借字。如果有人讀爲ㄍㄨㄟ,就會被人譏笑。其實讀爲ㄍㄨㄟ,也沒有錯。

　　陸德明《經典釋文·莊子音義·逍遙遊》:「龜手,愧悲反,徐舉倫反,李居危反。向云;拘坼也。司馬云:文坼如龜文也;又云:如龜攣縮也。」按:「龜」字,《廣韻》上平聲六脂:「居追切。國語讀ㄍㄨㄟ。陸德明讀爲「愧悲反」,中古音屬見母,脂韻,與《廣韻》「居追切」同音。李軌音「居危反」,中古音屬見母,支韻,國語讀ㄍㄨㄟ。按照司馬彪的解釋,「龜手」應該讀爲ㄍㄨㄟ　ㄕㄡˇ,即手指凍裂有如龜背的花紋,或手指凍裂彎曲如攣縮。徐邈讀「舉倫反」,中古音屬見母,諄韻,國語讀ㄐㄩㄣ。郭慶藩《莊子集釋》引李楨曰:「龜手,釋文云徐舉倫反。蓋以龜爲皸之假借。……不龜手,猶言不皸手耳。」李楨引用徐邈音,以「龜」爲「皸」之借字。《廣韻》上平聲二十文:「皸,足坼。舉云切。」中古音屬見母,國語讀ㄐㄩㄣ。諄、文二韻晉代同歸真部[6],「舉倫反」與「舉云切」實同一音。「龜」字上古音讀 [ki̯weg],見母,脂部;「皸」字上古音讀 [*ki̯wə̌n],見母,文部。脂、文二部陰陽對轉,故「龜」「皸」二字聲同韻近。

　　由此可知,「龜手」讀爲ㄍㄨㄟ　ㄕㄡˇ,是就「龜」的本音本義來解釋;讀爲ㄐㄩㄣ　ㄕㄡˇ,是以「龜」爲「皸」之借字,而借字讀爲本字之音。

貳　詩文欣賞

---

[6] 見林炯陽《魏晉詩韻考》(台北:國立師範大學國文研究所集刊第十六期,1972 年),頁 1130。

　　我們在分析一篇優美的詩文時,大多注意內容意境的闡釋、篇章結構的分析、字義的解說,而對於詩文的聲律不甚在意,所以在這裏特別提出討論。

　　文學作品是語言的記錄,它在形式上依靠語言,因此語言形式美,往往可以從優美的文學作品中顯現出來。漢語每一音節包括聲母、韻母、聲調三部分,而構成韻母的主要成分是元音,所以漢語的音節是完整響亮的單位,再加上聲調的抑揚頓挫,這樣就使它更富有音樂性的特色。

　　中國古典詩的創作,從永明聲律論興起後,特別講究聲調的交替運用。「四聲八病」中所謂的平頭、上尾、蜂腰、鶴膝四病,所強調的就是如何使四聲在詩文中交替變化,避免單調,以求錯綜和諧之美。到後來就形成了律詩的平仄格式,即平聲音節和仄聲(上、去、入聲)音節的交替變化。

　　聲調的區別,主要是音高(由聲帶顫動頻率所得音的高低)的差異及音長的不同所形成的。那麼平仄律到底是聲調高低的配合,還是長短的交替呢?周法高《說平仄》[7]認為:「在唐初甚或在較早的時候,四聲中的平仄有長短的區別。這區別構成了當時韻文中平仄對立的主要因素。」他主要的證據是梵漢對音往往以漢字的平聲對譯梵文長元音,仄聲對譯短元音。例如玄應《一切經音義》卷二《大般涅槃經文字品》:

> 字音十四字:(a)[哀]烏可反,(ā)[阿];(i)[壹],(î)[伊];(u)[塢]烏古反,(ū)[烏];(l)[理]重,(î)[釐]力之反;(e)[黳]烏奚反,(ai)[藹];(o)[污],(au)[奧]烏故反,此十四字以為音。一聲之中,皆兩兩字同,長短為異,皆前聲短,後聲長……。

可以看出玄應用上聲「哀,塢,理」,入聲「壹」代表梵文短

音，用平聲「阿，伊，烏，鼇，鬶」代表他所謂長音。

據此，我們吟誦唐詩可以把平聲字長讀，仄聲字短讀。例如，國中《國文》第一冊第十五課，張繼《楓橋夜泊》：

月落—烏啼——霜滿天——，
(仄仄　平平　　平仄平)
江楓——漁火—對愁眠——。
(平平　　仄仄　仄平平)
姑蘇——城外—寒山——寺，
(平平　　平仄　平平　　仄)
夜半—鐘聲——到客船——。
（仄仄　平平　　仄仄平）

第一句的節奏是：仄仄（短）□平平（長）□平仄平（長）。吟誦時。「月落」的「落」短讀，「烏啼」的「啼」長讀，「霜滿天」的「天」長讀。第二句、第四句也是平聲的音組長讀，仄聲的音組短讀。第三句「寒山寺」，「山」字拉長，「寺」字唸短。這樣，在聲調長短交替變化中，可以領略到錯綜和諧之美。

古典詩必須押韻。同一個音（一般是元音，或者是元音後面再帶輔音）在同一個位置上（一般是句尾）的重複，叫做韻[8]。韻在詩歌的效果，是一種迴環美。

古詩的韻字，現在讀來，有的不協韻，這是古今音不同所致，例如，國中《國文》第三冊第十五課，陳子昂《登幽州臺歌》：

前不見古人，
後不見來者。
念天地之悠悠，
獨愴然而涕下。

---

[8] 王力〈略論語言形式美〉，見《龍蟲並雕齋文集》(北京：中華書局，1980年，第一冊)，頁471。

此詩以「者」「下」為韻。「者」國語ㄓㄜˇ，「下」國語ㄒㄧㄚˋ，
韻不協。《廣韻》上聲三十五馬：「者，章也切。」又「下，胡雅
切。」二字同韻，中古音同收[a]音。「者」國語第三聲（上聲），
「下」國語第四聲（去聲），聲調不同，原因是中古音全濁上聲字
國語變入去聲。如，「項」（胡講切，全濁匣母），「被」（皮彼切，
全濁並母），「士」（鉏里切，全濁床母），「杜」（徒古切，全濁定
母）等，中古音都是上聲而國語變入去聲。「下」字屬全濁匣母，
所以由上聲變入去聲。

　　押韻除了可以達到迴環悅耳的效果外，有時也能夠表達詩人
在詩歌所注入的情緒，有的韻適合表現亢奮的情緒，如陽、唐韻；
有的韻則適合表現憂傷失意的情緒，如魚、虞、模韻。王易《詞
曲史》說：「韻與文情關係至切。……東董寬洪，江講爽朗，支紙
縝密，魚語幽咽，……。」一首完美的詩歌，在聲與情的配合上，
總是相切。例如，國中《國文》第二冊第十五課，杜甫《聞官軍
收河南河北》：

> 劍外忽傳收薊北，
> 初聞涕淚滿衣裳。
> 卻看妻子愁何在，
> 漫卷詩書喜欲狂。
> 白日放歌須縱酒，
> 青春作伴好還鄉。
> 即從巴峽穿巫峽，
> 便下襄陽向洛陽。

此詩將飽經戰亂後，聽到官軍收復薊北時，又驚又喜的情緒，淋
漓盡致地表現出來。押的是平聲陽韻「裳、狂、鄉、陽」四字。
黃永武《中國詩學‧鑑賞篇》[9]說：「押陽部韻，令人歡忻興起，

---

[9] 黃永武《中國詩學‧鑑賞篇》(台北：巨流圖書公司，1976年)，頁192。

都和杜甫那時或悲或喜的情緒相適應。」此詩從「涕淚滿衣裳」
到「喜欲狂」，從「放歌縱酒」到想像還鄉時快樂的情形，都是充
滿亢奮的情緒。陽韻中古音收[aŋ]音（不計介音），[a]是開元音，
響度最大，再加上鼻音[ŋ]的共鳴，聲音甚爲響亮激越，很適合表
達亢奮的情緒。

　　又如：高中《國文》課本第五冊，蘇軾《赤壁賦》：

> 於是飲酒樂甚，扣舷而歌之，歌曰「桂棹兮蘭槳，擊空明
> 兮泝流光。渺渺兮予懷，望美人兮天一方。」客有吹洞簫
> 者，倚歌而和之，其聲鳴鳴然：如怨、如慕、如泣、如訴；
> 餘音嫋嫋，不絕如縷；舞幽壑之潛蛟，泣孤舟之嫠婦。

此以「槳」(平聲陽韻)、「光」(平聲唐韻)、「方」(平聲陽韻)爲韻，
《廣韻》陽、唐二韻同用，收音爲[aŋ]；轉韻以「鳴」(平聲模韻)、
「慕」(去聲暮韻，爲模韻去聲)、「訴」(去聲暮韻)、「縷」(上聲
　韻，爲虞韻上聲)、「婦」(上聲有韻)爲韻，《廣韻》虞、模二韻
同用，收音爲[u]。「婦」字「房久切」屬全濁奉母，爲脣齒音。
白居易的《琵琶行》已經把「婦」字押入遇韻(虞韻去聲)。

　　此段言因樂作歌，忽聞蕭聲引起悲感。「飲酒樂甚，扣舷而歌
之」和杜甫的「放歌縱酒」，情緒的高亢放縱，都是一樣的，蘇軾
此處以[aŋ]音的字來押韻，甚爲得當。酒酣耳熱，歌聲悠揚嘹亮
的情景，可以由韻腳的音響完全顯現出來。按著聲音一轉，以收
[u]音的字押韻，極寫蕭聲的哀怨悽楚，以引下文傷今弔古的慨
歎，聲情的配合，相當巧妙。

參　結語

　　由以上的敘述，我們知道，語言靠聲音傳達，文字是記錄語
言的符號，所以文字訓詁上的困難，有的必須從字音方面入手，
才能解決問題，而聲韻學知識正可以提供我們解決的方法。至於

文學作品在形式上也是依靠語言的，漢語本身的音樂性很強，優美的詩文中，有很豐富的語言音樂美，而聲韻學知識則可以協助我們做進一步的分析與鑑賞。

本文原載於 1991 年 11 月《1991 年全美華文教師學會年會論文》，1-8 頁，世界華文教育協進會：華盛頓；又 1993 年 5 月《東吳哲學傳習錄》第二號，307-316 頁：台北。

聲韻學的教學

　　聲韻學這門課程，中文系學生多認為艱深難學，枯燥無趣。任課老師又因為師承及專精的領域不同，授課內容與重點也就互有異同。因此，如何在教學上深入淺出，使學生容易領會，引起興趣；如何在有限的時間內，將聲韻學的基本知識，完整地講授完畢，是我們必須克服的難題。所以任課老師的教學心得，彼此交流、討論，是很必要的。以下是個人對於「聲韻學」這門課程的一些意見，提供參考，若有不妥之處，尚祈不各指教。

壹　聲韻學的教學目的

　　每一門學科都有教學目的，也就是這門學科的開設，是為了解決什麼問題。聲韻學的教學問題有二：一是正目的－主要的教學目的，使學生了解漢語各個時期的語音系統及古今音變規律。二是副目的－聲韻學在其他學科上的應用，使學生能以聲韻學知識，解決文字通假、聲訓乃至詩詞曲的用韻與格律問題。所以聲韻學的性質，兼具理論性與實用性。

貳　聲韻學的課程內容

　　課程內容是由學科性質決定的。聲韻學的性質，由其教學目的來看，是兼具理論性與實用性的。但是因為授課時間的限制，所以課程的設計，比較偏重理論性。

　　傳統的聲韻學分成「古音學」、「今音學」、「等韻學」三個部門。「古音學」，所研究的是上古（主要是周秦漢初時期）的漢語聲韻系統；「今音學」，所研究的是中古（主要是隋唐時期）的漢語聲韻系統；「等韻學」，是分析漢語的聲韻結構、發音原理和方法的一門學問。又「語音學」雖然與聲韻學是不完全相同的學科，

但是我們要「知音理」、「辨音素」、「明音值」、「究音變」、非有語音學的知識不可。因此，本文所附的「聲韻學講授大綱」，包括「語音常識」、「《廣韻》研究」（今音學）、「等韻研究」（等韻學）、「古音研究」（古音學）四個主要單元。

<h1 style="text-align:center">參　教學要點</h1>

　　第一單元「緒論」，主要介紹聲韻學研究的範圍及研究方法和效用，強調「字（語）音隨時代而變遷」的觀念。

　　第二單元「「語音常識」」，在理論方面，介紹「發音器官」、「元音」和「輔音」的種類、「聲調」的原理等，進而分析漢語音節的結構、現代國語的聲、韻、調的系統。在實用方面，要求學生能夠使用「國際音標」標注國音。

　　第三單元「《廣韻》研究」，《廣韻》是主要反映中古音系的韻書，根據《廣韻》可以探求隋唐音系。《廣韻》音系是兼賅古今方國之音或一時一地的方音，學者有不同的看法，我們必須講清楚採用的是哪一種觀點，如果採用「兼賅古今方國之音」說，則《廣韻》並不能反映中古的實際語音，本人採用此說，所以本單元有關《廣韻》聲韻系統的分析，都用這個觀點。如《廣韻》二百零六韻的音讀，以王力《漢語音韻》的擬音為準，也就是《廣韻》注明同用的韻，其主要元音相同，如「支」、「脂」、「之」三韻得主要元音皆擬成〔i〕。

　　本單元主要使學生了解聲韻學家分析歸納《廣韻》切語上下字，以探求中古聲韻系統的方法。並要求學生習作切語上字與下字的作業，以熟悉《廣韻》的聲類、韻類與切語。可舉一二首唐詩，請學生以國際音標，標注其中古音讀，說明其用韻與現代國語異同的原因。

　　第四單元「等韻研究」，主要講解等韻的原理、等韻圖的結構及其作用，以《韻鏡》為主。等韻圖對於三等韻的編排較為複雜，

李榮《切韻音系》分三等韻為子、丑、寅三類，頗便於講解。重紐問題在講解寅類三等韻時，可略為提及。等韻圖的結構既明，等韻門法及內外轉的複雜問題就可迎刃而解。其次，可舉一二陸德明《經典釋文》的反切，要求學生利用等韻圖查音，實際領略等韻圖的作用。

第五單元「反切研究」，《廣韻》音系及等韻的原理、結構既明，對於反切，可作更深入的分析。再講解由《廣韻》推求國音的方法，使學生了解中古到現代語音演變的規律。不過由於時間不夠，對於反切的分析，可省略不教。

第六單元「《廣韻》以後的重要韻書」，舉出幾部重要韻書，以明韻書體制的演變。主要介紹《壬子新刊禮部韻略》的一零七韻（或一零六韻）的由來，並舉一二首宋元以後詩作，要求學生以一零六韻的詩韻系統，說明其用韻情形。其次，介紹《中原音韻》的音系，並舉一二首元曲，要求學生依據《中原音韻》的韻部，說明元曲用韻情形。由於時間不夠，本單元往往無法完全講授。

第七單元「古音研究」，主要講解研究「古音」的材料與方法，及各家「上古聲紐」、「上古韻部」、「上古聲調」的研究。聲紐方面，以黃季剛古聲十九紐為基礎，再介紹其他學者的修訂。韻部方面，以段玉裁的的古韻十七部為基礎，再比較其他各家的學說，以見其異同，並說明陰陽二分法與陰陽入三分法的得失和「陰陽對轉」、「旁轉」理論的發展及應用。上古音的系統既明，則可舉一二通借、聲訓之例，要學生說明其聲韻關係。

肆　教學上的一些問題

聲韻學是一門比較艱深的學科，再加上一般學生的興趣不濃，授課時間不足，於是就產生一些難題：

（一）授課時間嚴重不足，影響教學效果：聲韻學一學年可

開設四至六學分，以前中文系都是開六學分，後來有的減爲四學分。由本文所附的授課大綱來看，聲韻學有一套完整的理論，其內容最少必須包括「語音常識」、「古音學」、「今音學」、「等韻學」三個部門，缺一不可。這些最基本的內容，六學分都講不完，何況四學分。因爲時間不足，「等韻學」這單元，往往無法講授，而學生得到的是殘缺不全的聲韻學知識，實在對不起他們。

（二）課程安排的問題：聲韻學改成四學分後，比較重視「小學」課程的中文系主任，爲了補救授課時間的不足，就開設二學分的「語音學」課程，或必修或選修。但是，學生隔了一個暑假後，已將所學的忘得差不多。如果是選修課，選的學生並不多，還是有許多學生不知「語音學」爲何物。在這種情況下，「聲韻學」的任課老師，必須將語音常識再一遍，實在浪費時間。

（三）研究所招生考試，「聲韻學」、「文字學」、「訓詁學」三科所佔的分數偏低，學生在考試前積極準備的意願不高：「中國文學史」（六至八學分）、「中國思想史」（六學分）、「專書」（四學分）各佔一百分；而「小學」三科（合計十二至十四學分），份量甚重，僅佔一百分，比例偏低。又考生因爲準備不足，成績普遍不高，分數差距不大，對於是否錄取，沒有決定之作用，所以有的學生乾脆放棄。

伍　課程規劃的建議

爲了使「聲韻學」課程歸劃完善，建議如下：

（一）增加授課時間，一律爲三學分，或將「語音學」與「聲韻學」合併爲三學分。若「語音學」與「聲韻學」分設爲二門課，則「語音學」規定必修。

（二）加開與「聲韻學」有關的課程。「聲韻學」課程容納不下的，可另開選修課，如「方言學」（有的學校已開設）、「明清等韻學」等。

　　（三）研究所招生考試，增加「小學」課程所佔的分數，或「專書」部份列入《廣韻》、《說文》、《釋名》、《爾雅》等，鼓勵有興趣的學生以「小學」爲專業，以便及早栽培「語文學」課程的師資，解決目前「語文學」師資不足的問題。

附錄　　　　　　聲韻學講授大綱

一、　緒論

一、一　聲韻學之名義（林尹著‧林炯陽註釋《中國聲韻學通論》
　　　　頁七，以下簡稱《通論》）

一、二　歷代字音之變遷（《通論》頁十二）

一、三　聲韻學研究方法與效用（《通論》頁二五三）

二、　語音常識

二、一　發音器官（《通論》頁七十八）

二、二　輔音與聲母

（一）輔音與聲母之定義（《通論》頁七七注三）

（二）輔音之發音方法（《通論》頁七十八）

　　　　1 受阻之狀態（就阻礙之性質而言）

　　　　2 不帶音（清與）與帶音（濁）（就聲帶之作用而言）

　　　　3 不送氣與送氣（就除阻時呼氣之強度而言）

（三）輔音之發音部位（《通論》頁八十）

　　　　1 雙脣音　2 脣齒音　3 舌尖前音　4 舌尖中音

　　　　5 舌尖後音　6 舌葉音　7 舌面前音　8 舌面後音（舌根音）

　　　　9 喉音

（四）國際音標輔音簡表（《通論》頁八二）

二、三　元音與韻母

（一）元音與韻母之定義（《通論》頁一六一注六及一五八注
　　　　一）

（二）元音與輔音之區別（《通論》頁一六一注六）

（三）元音之舌位（《通論》頁一六一）

四、　等韻研究

四、一　緒論

（一）等韻與等韻圖（《通論》頁一六八注二五）

（二）四等之界說（《通論》頁一九零第一行至第五行）

（三）等韻之作用（《通論》頁一九七第一行至第七行）

四、二　《韻鏡》研究（《通論》頁一八六注二五）

（一）二百六韻在《韻鏡》四十三轉之分配（《通論》頁一八六倒數第三行至左表）

（二）《韻鏡》對韻書聲母之安排（《通論》頁一八九；一九零）

（三）《韻鏡》之分等與《廣韻》各韻之關係（《通論》頁一九一至一九七）

四、三　《韻鏡》、《七音略》、《切韻指掌圖》、《經史正音切韻指南》之比較（《通論》頁一七倒數第三行；頁一九八注二六；頁二零一注二七）

四、四　等韻門法（《通論》頁二三二注二）

四、五　內外轉之討論（《通論》頁二零零）

五、　反切研究

五、一　反切之起源（《通論》頁二一七）

五、二　反切之方法（《通論》頁二一九）

五、三　音和切、類隔切及例外反切（《通論》頁二二二；頁二三七第四條）

五、四　反切之弊及其改良（《通論》頁二二六）

五、五　由《廣韻》反切推求國音之方法（《音略》頁一二五）

六、　《廣韻》以後之重要韻書

《集韻》（《通論》頁三三注十二）、《五音集韻》、《壬子新刊禮部韻略》（《通論》頁二零三）、《古今韻會舉要》、《中原音

韻》（《通論》頁三三注十二）、《洪武正韻》（《通論》頁三七注十五）

七、 古音研究

（七）江有誥二十一部（《音略頁一零四》）
（八）章太炎二十三部（《音略》頁一零四》）
（九）戴震二十五部（《音略》頁一零零》）
（十）黃季剛二十八部（《音略》頁一零五；《通論》頁一六
　　　六注十五）
（十一）王力二十九部（詩經）、三十部（楚辭）（《詩經韻讀》）
（十二）羅常培三十一部（《漢魏晉南北朝韻部演變研究》）
（十三）陳新雄三十二部（《音略》頁一零八；《古音學發微》）
七、五　上古聲調（《通論》注十七）
（一）　顧炎武四聲一貫說
（二）　段玉裁古無去聲說
（三）　孔廣森古無去聲說
（四）　江有誥古人所讀之四聲與今不同說
（五）　黃侃古無上去惟有平入說
（六）　王力先秦聲調分為舒促兩大類，但又細分為長短說

本文為 1998 年 5 月 3 日於國立臺灣大學，
中國語文學課程規劃會議宣讀論文，教育
部顧問室委託，國立臺灣大學中文系主辦

閩南方言詞本字舉例(初稿)

壹　前言

　　我們在書寫閩南方言詞時，會遇到「有音無字」的情形。一是「本無其字」，也就是這個方言詞還未造字來紀錄它；一是「本有其字」，也就是這個方言詞本有其字，只是不知道怎麼寫。

　　這種「有音無字」的情形，使閩南語的書面化有困難。於是研究閩南語的學者就努力去尋找本字。「本字」這個概念，可以有不同的理解[1]。本文所謂的「本字」是指在文獻中可見到的與閩南語具有同源關係的寫法（楊秀芳・1997，頁27-2）。

　　考求本字的方法，必須注意方言詞的音義與本字之間的對應關係。在聲韻方面，要先確定本字在上古音系或中古音系中的聲、韻、調。這就需要弄清楚上古聲紐、韻部的系統及《廣韻》的音韻系統。再就本字聲、韻、調與方言詞的實際讀音比較，是否合乎對應規律。這就需要弄清楚古今音變規律及方言詞的文白異讀、音韻層次、音轉等。在詞義方面，方言詞的本字必須見於古代字書或其他文獻。本字的本義或引申義必須與方言詞的詞義對應。方言本字研究的詳細方法，可參閱李如龍〈考求方言詞本字的音韻論證〉、梅祖麟〈方言本字研究的兩種方法〉、姚榮松〈臺灣閩南語的漢字〉等。

　　茲就以上所述方法，考證閩南方言詞本字若干條，以供學者參考。

---

[1] 姚榮松(1996，頁124)將本字分成三種：「其一、本字可以指某個詞(或詞素)，在漢語中最早出現的寫法。其二、本字也可以是某個詞(或詞素)在漢語方言中最早的書寫形式。其三、本字也指某個字的音、義與書寫形式密合。」

貳　閩南方言詞本字舉例

搧(pinn¹)——側擊

《廣韻・下平・仙韻》:「搧,搧擊也。」卑連切(山開三平仙幫)。其同音字「鞭」、「編」,廈門文讀pian¹,白讀pinn¹。又相承之去聲「變」字,彼眷切(山開三去線幫),白讀pinn³。

段注本《說文・手部》:「搧,搏也。从手扁聲。」[2]聲符「扁」,廈門白讀pinn²,與所諧之「搧」字只是聲調不同而已。

閩南語謂以手橫批對方面頰曰「搧」。[3]如:「對伊的(e⁵)喙搧落去」。

癶(puat⁴)——兩足相背不順

《說文・癶部》:「癶,足剌癶也。从止屮。讀若撥。」徐鍇《繫傳》:「兩足相背不順,故剌癶也。」《廣韻・入聲・末韻》:「癶,足剌癶也。」北末切(山合一入末幫)。其同音字「撥」,廈門音puat⁴。

閩南語謂兩足分張,行而不順曰「癶」。如:「癶骹」(八字腳);「伊行路骹癶癶」。

腞(phook⁸)——肉凸起;腫

《玉篇・肉部》:「腞,肉起。」《廣韻・入聲・覺韻》:「腞,肉胅起也。」蒲角切(江開二入覺並)。其同音字「雹」,廈門文讀pook⁸。中古並母字,廈門話仄聲多數讀p,少數讀ph。如:簿phoo⁸、部poo⁸╱phoo⁸。故「腞」讀phook⁸,合乎音轉規則。

《爾雅・釋畜》:「犦牛。」郭璞注:「領上肉胅起,高二尺許,狀如橐駝。」《廣雅・釋詁》:「胅,腫也。」是「肉胅起」者,肉腫起也。

---

[2] 《說文解字》以大徐本為主,其他版本隨文附注。
[3] 搧(pinn¹)為臺灣基隆市的方言詞,今已少用。

閩南語謂肉腫起曰「瞨」。如：「起瞨」；「互蠓齩一瞨」。

搉(phook⁸)──擊掌聲

《玉篇·手部》：「搉，擊也。蒲角切。」《廣韻·入聲·覺韻》：「搉，擊聲。」蒲角切(江開二入覺並)。依切廈門音pook⁸。音轉爲phook⁸(參見「瞨」字條)。

閩南語謂掌聲曰「搉仔」；謂拍掌曰「拍手搉仔」。

雺(bong⁵)──霧

《廣韻·上平·東韻》：「雺，天氣下地不應曰雺。霿、霚，並上同。」莫紅切(通合三平東明)。其同音字「蒙」，廈門音bong⁵。

小徐本《說文·雨部》：「霚，地气發天不應也。从雨秋聲。」徐鉉曰：「今俗作霧。」又《說文》霚篆下出「雺」字云：「雺，籀文霚省。」按：霚爲霧之本字，雺又爲霚之省文。霚，《廣韻·去聲·遇韻》同霧，亡遇切，上古音屬明母侯部；又《廣韻·上平·東韻》同雺，莫紅切，上古音屬明母東部。侯、東二部陰陽對轉。故雺爲霚之省文，从秋聲，本音霧(亡遇切)，音轉爲蒙(莫紅切)。

閩南語謂起霧曰「罩(ta³)霧(bu⁷)」，音轉爲「罩雺(bong⁵)」。

殿(tian⁷)──笞臀；鞭笞

《說文·殳部》「殿(殿)，擊聲也。从殳，屍聲。」《廣韻·去聲·霰韻》「殿」字堂練切(山開四去霰定)，音電。廈門音tian⁷。

李孝定(1992)云：「段氏曰：『此字本義未見，假借爲宮殿字。』竊謂許訓『擊聲也』，頗覺不辭，蓋所擊者殊，而聲各異，不得云『擊聲』，字从殳从屍，其義爲笞臀，屍者，臀之本字也。許書無臀字，尸部屍下云：『髖也，从尸下丌，居几』。其或體作臋，从骨，殿聲，今字从肉，殿聲，从骨从肉得通也。按許君以髖訓屍，即今語之『屁股』，屁股者，髖股之音譌也；………此从殳从屍，當解云：『擊屍也，从殳，从屍，屍亦聲。』」

按：閩南語謂笞臀曰「殿」，如「殿尻川(kha¹──chhng¹屁股)」，

正合李氏之說。又由「笞臋」引申為「鞭笞」，如：「即個(chit⁷
—e⁵)囝仔著給殿殿即會乖」。

蹎(tian¹)——顛仆、跌倒

段注本《說文・足部》：「蹎，跋也。从足，真聲。」注：「
經傳多假借顛字為之。」《廣韻・下平・先韻》：「蹎，蹎仆。《說
文》：『跋也。』」都年切(山開四平先端)。廈門音tian¹。

《荀子・正論》：「蹎跌碎折，不待頃矣。」楊倞注：「蹎典顛
同，躓也。」《漢書・貢禹傳》：「誠恐一旦蹎仆氣竭，不復自還。
」

閩南語謂顛仆、跌倒曰「蹎」。如：「伊無力，對樓頂蹎落來。」
《現代閩南語辭典》(以下簡稱《現代閩典》)、《廈門方言詞
典》(以下簡稱《廈典》)作「顛」，為借字。本字當作「蹎」。

麻「氌」(lau²)——祭神時所用的一種甜點

《廣韻・上聲・厚韻》：「氌，麷氌，糗餅。」郎斗切(流開一
上厚來)。閩南語讀lau²，與中古音對應。

臺灣習俗，農曆正月初九拜天公，三月二十三拜媽祖，「麻氌
」是供品之一。

「麻氌」俗作「麻糗」。「糗」字是民間取國語發音與閩南語
相近者，所造之形聲字。

㧓(kiap⁴)——相著

《廣韻・入聲・洽韻》：「㧓，相著。」侯夾切(咸開二入洽匣)，
音洽。依切閩南語當讀hap⁴，而其同音字「峽」，音kiap⁴。

閩南語謂兩物相著曰「㧓」。如「螺㧓在石。」

《現代閩典》作「挾」。字義不合。

掔(khian¹)——擊

《廣雅・釋詁》：「掔，擊也。」曹憲音卻閑、卻賢二切。《集
韻・平聲・先韻》：「掔，固也，擊也，牽也。」輕烟切，音牽。

按：卻賢、輕烟二切同音(山開四平先溪)。廈門音khian¹。

閩南語謂擊曰「掔」。如：「掔頭殼」。

搁、扛(kng¹)——舉、擡

《廣韻・平聲・唐韻》:「搁，舉也。」古郎切(宕開一平唐見)，音岡。相承之去聲「鋼」字，古浪切(宕開一平宕見)，廈門文讀koong³，白讀kng³，故平聲「搁」字白讀爲kng¹。

《集韻・平聲・唐韻》:「搁，舉也。或作扛。」是「扛」爲「搁」之異體。

《南史・齊本紀上》:「疾患困篤者，悉搁移之。」

按：「扛」亦爲正字。《說文・手部》「扛，橫關對舉也。从手，工聲。」《廣韻・平聲・江韻》:「扛，舉鼎也。」古雙切(江開二平江見)，音江，廈門音kang¹。惟「江」字及其相承之上、去聲字，未有讀kng音者。kng¹(舉)之本字，現在多寫作「扛」。《漢語方音字匯》將kng¹歸爲江韻「扛」koong¹之白讀，不確。「扛」讀kng¹，應是作「搁」kng¹字異體時的讀音，應歸入唐韻。

閩南語謂舉、擡爲「搁、扛」。如：「搁一包米」、「搁轎」。

渮(ko¹)——太濃、稠

段注本《說文・水部》:「渮，多汁也。」注:「渮，今江蘇俗語謂之稠。」《廣韻・平聲・歌韻》:「渮，多汁也。」古俄切，音歌(果開一平歌見)。廈門文讀ko¹。

閩南語謂稠曰「渮」。如：「墨汁傷渮」。

鐹、划(ke²、kue²)——鐮刀

《廣雅・釋器》:「划，鐮也。」王念孫疏證:「《方言》云:『刈鉤，江淮陳楚之間謂之鉊，或謂之鐹。自關而西或謂之鉤，或謂之鐮。』鐹與划同。划之言過也，所割皆決過也。」《廣韻・上聲・果韻》:「鐹，刈鉤。」又「划，划刈。」並古火切，音果。閩南語白讀ke²或kue²。

閩南語謂割草刀具曰「草鐹(划)仔」。

祇(ki⁵)—— 土地神

《說文・示部》：「祇，地祇提出萬物者也。从示，氏聲。」《廣韻・上平・支韻》：「祇，地祇，神也。」巨支切(止開三平支群)，廈門音ki⁵，聲、韻、調與中古音對當。

閩南語謂土地神或曰「地祇主」。

吳瀛濤《臺灣民俗》(頁8)：「(二月)二日，亦稱『頭牙』，而與農曆十二月十六日之『尾牙』對稱。一般家戶，備牲醴，燒土地公金，燃放爆竹，爲土地神慶壽，並同時拜地基主。」按「地基主」，「基」當作「祇」。地祇，土地神也。

涳涳、悾悾(khong¹—— khong¹)——愚昧無知

項楚《王梵志詩校注》(頁221)〇三四首：「愚人癡涳涳，錐刺不轉動。」注：「涳涳，愚昧無知貌。梵志詩〇四〇首亦云：『愚人癡涳涳，常守無明塚。』」

《說文・水部》：「涳，直流也。从水，空聲。」《廣韻・上平・東韻》：「涳，涳濛小雨。」苦紅切(通合一平東溪)，音空，廈門音khong¹。按：「涳涳」，以音記詞，不取「涳」字本義。

《字彙・心部》：「悾悾，苦紅切，音空。誠也，慤也。又悾悾，無知貌。」

閩南語謂愚昧無知曰「涳涳」(悾悾)。如「伊即股(他這個人)涳涳(悾悾)」。

剾(khau¹)——刨；刮削

《廣韻・下平・侯韻》：「剾，剜裏也。」恪侯切(流開一平侯溪)。廈門白讀khau¹。同韻「樓、偷、頭、鈎、兜」等字，其韻母白讀au。

閩南語謂刨、刮削曰「剾」。

《現代閩典》作「刨」，爲訓讀。

《廈典》作「摳」，於義不合。

「骱」頭肤(kha¹)——膝蓋

《廣韻・下平・歌韻》:「骱，膝骨。」苦何切，音珂(果開一平歌溪)，中古音〔khɑ〕，廈門文讀kho¹。按同韻歌kua¹、佗(他)tha¹、拕(拖)thua¹、鵝gia²等字，廈門白讀之主要元音爲a，保存中古〔ɑ〕音。故「骱」字白讀當爲kha¹，蓋古音之遺。

閩南語謂膝蓋曰「骱頭肤」(kha¹ thau⁵ hu¹)。

《現代閩典》作「腳頭窩」(kha¹ thau⁵ u¹)。

《廈典》作「骹頭趺」(kha¹ thau⁵ hu¹)。

《漳州方言研究》作「骹頭塢」(kha¹ thau⁵ u¹)。

《漢語方言詞匯》(第二版)作「腳頭污」(kha¹ thau⁵ u¹)。注云:「『腳』:訓讀字，本字爲『骹』，口交切，『脛骨近足細處』。」

按:「腳」、「骹」皆非kha¹(膝骨)之本字。

諴(kha³)——說話作事不實在

《集韻・去聲・豔韻》:「諴，誕也。」許鑒切(咸開二去豔曉)，中古音〔xam〕。廈門音ham³，聲、韻、調與中古音對當。

閩南語謂說話作事不實在曰「諴諴」。如:「做事誌攏諴諴」。又謂虛無飄渺，脫離現實的故事曰「諴古」。

《現代閩典》作「諴」，是也。

《廈典》作「憨」，於義不合。

齹(tso⁵)——牙槽

《廣韻・下平・歌韻》:「齹，齒本。」昨何切(果開一平歌從)。中古果攝開口一等精系字，廈門讀o，全濁從母多數讀ts，全濁平聲字讀爲陽平(第五聲)。故「齹」tso⁵，聲、韻、調與中古音對當。

閩南語謂牙槽爲「牙齹」。

《現代閩典》作「牙槽」。

《廈典》作「牙槽頭」。

按:「槽」爲畜獸之食器，從木，曹聲。(見《說文・木部》)

非齒屬tso⁵之本字。

旋(suan⁷)──溲溺

《左傳‧定公三年》:「邾子在門臺,臨廷。閽以缾水沃庭。邾子望見之,怒。閽曰:『夷射姑旋焉』。」杜預注:「夷射姑,邾大夫。旋,小便。」《正字通‧方部》:「旋,溲溺也。」《廣韻‧去聲‧線韻》旋字辝戀切(山合三去線邪),廈門音suan⁷,與中古音對應。

閩南語謂溲溺曰「旋」。如:「旋尿」。

參　結語

以上所考,就方言詞及本字的音讀來說,有文白異讀者,其白讀不見於字書,僅留存於口語中,必須經由同音字之讀音,類推其有白讀一音,如「搧」字。有方言異讀者,而由古代字書、韻書驗證其一爲正音。如puat⁴、phuat⁴(兩足相背不順)兩讀,由《說文》及《廣韻》求得「癶」爲本字,音撥(puat⁴)爲正音⁴。有陰陽對轉者,如「雺」bong⁵爲霿之省文,从敄聲,本音霧,音轉爲蒙,乃侯、東二部對轉。有音轉不合常例而爲變例者,如「暴」字依音變規律當讀pook⁸而音轉爲phook⁸。此類音讀現象可爲日後考證方言詞本字之參考。

其次,方言詞對於古籍解讀,有一定的參考價值。例如「殿」字,《說文‧殳部》:「殿,擊聲也。从殳,屍聲。」文字學家以爲殿爲擊聲,經典無徵,故段氏云:「此字本義未見,假借爲宮殿字。」嚴章福《說文校議議》(《詁林》,3-1132)謂乃後人傳寫之誤。李孝定謂當解云「擊屍」,而閩南語謂笞臀曰「殿」,可與李氏之說相印證。又韓愈《張中丞傳後敘》:「及城陷,賊縛巡等數

---

⁴ 癶,《廈典》讀 phuat⁴,寫作「撇」,如「撇骹」。然「癶」字《說文》讀若「撥」,《廣韻》與「撥」同音,爲幫母字,故正音當讀作 puat⁴。

十人坐，且將戮。巡起旋，其眾見巡起，或起或泣，巡曰：『汝勿怖！死，命也。』眾泣不能仰視。」其中「旋」字，或訓爲「盤旋」，或訓「小便」。而閩南語謂溲溺曰「旋」，此義已見於《左傳》，可作韓文「旋」字註釋之參考。

主要參考書目：

《說文解字》 漢・許愼撰 南唐・徐鉉校定 古經解彙函附小學彙函本
《說文繫傳》 漢・許愼撰 南唐・徐鍇傳釋 古經解彙函附小學彙函本
《爾雅郭注義疏》 淸・郝懿行 鼎文書局 1972・04
《廣雅疏證》 魏・張揖撰 淸・王念孫疏證 鼎文書局 1972・09
《玉篇校釋》 梁・顧野王撰 民國・胡吉宣校釋 上海古籍出版社
　　　　　　　　　　　　　　　　　　　　　　　　　　　1989・09
《廣韻》 宋・陳彭年等撰 民國・林尹校訂 黎明文化事業公司
　　　　　　　　　　　　　　　　　　　　　　　　　　　1984・10
《集韻》 宋・丁度等撰 學海出版社 1986・11
《字彙》 明・梅膺祚 上海辭書出版社 1991・03
《正字通》 明・張自烈 淸・廖文英 中國工人出版社 北京 1996・07
《春秋左傳正義》 晉・杜預注 唐・孔穎達疏 十三經注疏本
　　　　　　　　　　　　　　　　　　　　　　　藝文印書館影印
《中國聲韻學通論》 林尹撰 林炯陽注釋 黎明文化事業公司
　　　　　　　　　　　　　　　　　　　　　　　　1986・7・五版
《音略證補》 陳新雄 文史哲出版社 1971・05
《漢字古音手冊》 郭錫良 北京大學出版社 1986・1i
《漢字古今音表》 李珍華、周長楫 中華書局 北京 1993・11
《漢語方音字匯》 文字改革出版社 北京 1962・9第一版
《漢語方言詞匯》 語文出版社 北京 1995・6第二版

《普通話閩南方言詞典》　廈門大學中國語言文學研究所漢語研究
　　　　　　　　方言研究室主編　三聯書店香港分店　1982‧10
《台語字典》　徐金松　1991‧10
《現代閩南語辭典》　村上嘉英　天理大學出版部　日本　1982‧06
《廈門方言詞典》　周長楫　江蘇教育出版社　1993
《漳州方言研究》　馬重奇　縱橫出版社　香港　1994‧10
《漢語大字典》　湖北辭書出版社　1986‧10
《王梵志詩校注》　唐‧王梵志著　項楚校注　上海古籍出版社　1991‧10
《古代漢語》　郭錫良等　北京出版社　1981‧09
《台灣民俗》　吳瀛濤　古亭書屋　1975‧05三版
〈閩南語的文白異讀‧研討大綱〉　楊秀芳
　　《臺灣閩南語概論‧講授資料彙編》第七章　臺灣語文學會　1996‧05
〈閩南語字彙用字的幾個原則〉　楊秀芳　《母語教育文集》
　　　　　　　　母語教育研討會　新竹師範學院　1997‧06
〈臺灣閩南語的漢字〉　姚榮松　《臺灣閩南語概論‧講授資料彙編》
　　　　　　　　第五章　臺灣語文學會　1996‧05
〈考求方言詞本字的音韻論證〉　李如龍　《語言研究》　1988‧01
〈方言本字研究的兩種方法〉　梅祖麟　《吳語和閩語的比較研究》
　　　　　　　　中國方言比較研究叢書第一輯　1995‧05
〈讀說文記〉　李孝定　中央研究院歷史語言研究所專刊之九十三
　　　　　　　　　　　　　　　　　　　　　　　　1992‧01

本文為 1998 年 1 月 7 日在東吳大學中文系演講稿

閩南語本字考訂的聲韻條件（大綱）

壹　方言詞與本字

　　「本字」是指在文獻中可見到的與閩南語具有同源關係的寫法。(楊秀芳〈閩南語字彙用字的幾個問題〉，見《母語教育文集》，母語教育研討會，新竹師範學院，1997 年 6 月)

貳　考訂本字的方法

一　就語音以求
二　就詞義以求
三　就諧聲系統以求

參　方言詞與本字聲韻對當的條件

一　同音
二　韻轉
三　紐變
四　變調

　　「同音」是指本字與方言詞在閩南語的讀法（文讀或白讀），聲、韻，調皆同者。「韻轉」是指韻頭、韻腹、韻尾其中一個或兩個發生變化，而變化未遠，有變化軌跡可循者。「紐變」是指聲不同（不合聲母演變常例者），而變化未遠，有變化軌跡可循者。「變調」是指調不同（不合聲調演變常例者）而變化未遠，有變化軌跡可循者。「韻轉」、「紐變」、「變調」三者謂之「音轉」。凡本字與方言詞的聲韻合乎「同音」、「音轉」者，謂之「對當」。

肆　考訂本字的意義

伍　閩南方言詞本字舉例

本文爲 1998 年 3 月 28 日在國立彰化師
範大學所舉行之「第十六屆全國聲韻學
學術研討會」會前專題演講講稿大綱。

評《瀛涯敦煌韻輯新編》

著者：潘重規
書名：《瀛涯敦煌韻輯新編》
版式頁數：16 開本
　　　　　611 頁
出版地點：香港
書局或機構：新亞研究所
出版年代：1972 年 11 月
定價：港幣 120 元
　　　美金 22 元

　　自從清末在我國西北甘肅省敦煌縣的莫高窟千佛洞等石室裏，發現唐代寫本韻書，以及故宮內府珍本開放以來，廣韻一系韻書所承的《切韻》之真面目，才開始為後人所認識。敦煌石室及故宮所保存的韻書，經過整理而行世的，有下列幾種：

　　（一）英國倫敦大英博物院藏得自敦煌之唐寫本切韻殘卷三種。這三種殘卷有王國維手寫石印本，國人簡稱為《切一》、《切二》、《切三》；向來以為藏於法國巴黎國家圖書館，其實是英人史坦因（Stien）得自敦煌而藏於英倫博物院。
　　（二）國立北平故宮博物院藏唐寫本王仁煦刊謬補缺切韻一種。此書有北平延光室攝影本，上虞羅氏影印秀水唐蘭寫本。
　　（三）法國巴黎國家圖書館藏唐寫本王仁煦刊謬補缺切韻一種。此本為劉復留法時抄錄回來。有敦煌掇瑣刻本。
　　（四）日本大谷光瑞家藏唐寫本韻書斷片。此本王國維摹入

韻學餘說，後又有《觀堂別集》後編排印本，並附考證。

（五）法國巴黎國家圖書館藏五代刻本切韻殘卷。此本由魏建功氏搜得，共攝影片十六葉，非盡屬於一種韻書之斷片。

（六）德國柏林普魯士學士院藏唐寫本韻書斷片。攝影本，爲兩種韻書之斷片。

（七）吳縣蔣斧藏唐寫本唐韻一種。此書有國粹學報館影印本。

劉復將以上幾種韻書會輯在一起，另加《古逸叢書影宋本重修廣韻》一種，定名《十韻彙編》，由國立北京大學研究院文史部出版。此書排印採取上下排列諸本對照之方式，彼此每韻收字之多少與異同，以及部目部次參差不一的地方，均可展卷而一目了然。每部之後附《廣韻校勘記》，書後附載分韻索引及部首索引，極便翻檢。除《十韻彙編》所收幾種切韻系韻書之外，其後陸續發現的，尚有下列數種：

（一）宋濂跋本唐寫本王仁昫刊謬補缺切韻。此爲王氏刊謬補缺切韻最完整的本子。抗戰勝利後第三年，唐蘭氏發現於北平書估中，而亟清故宮博物院購得，並經影印行世。今有臺北廣文書局影印本。

（二）姜亮夫《瀛涯敦煌韻輯》：此書乃姜氏於民國廿四、五年之際，訪書於巴黎、倫敦，搜羅了許多敦煌韻書材料，回國後，彙集成編，於一九五五年出版。今有臺北鼎文書局影印本。姜氏於書首總目中介紹全書的內容說：「全書共分三部，計字部九卷，皆摹錄原卷者也。共收三十三種，計原卷摹本二十七種，附錄六種。論部十卷，則所以考論記述字部三十卷之作也。譜部五卷，所以綜攝字部諸內蘊，而比其同異者也。」茲錄其字部所搜韻書詳目於後：

1.P 二一二九卷抄本

2.P 二六三八卷抄本

3.P 二〇一九卷抄本

4.二〇一七卷抄本

5.巴黎未列號諸卷之戊摹本（按即 P 四九一七）

6.S 二六八三卷摹本

7.巴黎未列號諸卷之乙摹本（按即 P 四九一七）

8.JIVK 75 卷摹本　附日本武內義雄本

9.S 二〇七一卷摹本

10.S 二〇五五卷摹本

11.巴黎未列號諸卷之甲摹本（按即 P 四七四六，P 四九一七。）　附大谷光瑞所錄本抄本

12.P 二〇一一卷摹本

13.P 二〇一八卷摹本

14.VI 21015 卷摹本

15.P 二〇一四卷摹本

16.P 二〇一五卷摹本

17.P 五五三一卷摹本

18.巴黎未列號諸卷之丙摹本

19.JIIIDIa 卷摹本

20.JIIIDIb 卷摹本

21.JIIIDIc 卷摹本

22.JIIIDId 卷摹本

23.巴黎未列號諸卷之丙摹本

24.P 二七五八卷抄本

25.P 二七一七卷抄本

26.S 五一二卷抄本　附 P 二九〇一卷抄本

　　以上凡稱摹本者，皆據原卷影摹，大小品式與原卷一樣；

其稱抄本者，品式與原卷沒有不同，而大小長短與原卷不完全相同。P 爲伯希和。爲伯希和（M Paul Pelliot）所得；S 爲史坦因（Stien）所得。附者爲未見原卷，引自他書者。以上諸本以 S 二〇七一及 P 二〇一一兩卷最爲完整。

姜氏在《瀛涯敦煌韻輯》中，指陳劉復所錄 P 二〇一一刊謬補缺切韻卷，誤抄的多至二千條，所以學術界都認爲姜氏的韻輯，是當時最完善的敦煌韻書總集。

潘師石禪於一九六七年秋天，訪書於法國國家圖書館，偶然以姜氏《韻輯》與敦煌原卷互校，卻發現姜氏所錄，誤慕多，甚至《敦煌掇瑣》、《十韻彙編》不誤而姜氏抄錯的也不少。一個多月以後，潘師再往倫敦大英博物館校閱敦煌韻書，又發現姜書每一卷都有重要的錯誤，而極具價值的 P 二〇一七卷，姜氏所錄至少有六十個以上的失誤。潘師於一九六九年第二次至巴黎、倫敦，將姜書重新再細校一遍，並補抄姜氏未收的卷子。回香港後，彙輯成書，定名爲《瀛涯敦煌韻輯新編》。其卷首自序介紹全書內容說：

> 總括起來，我對姜書字部，作了一番新校的工夫，並補抄姜書未收的倫敦巴黎所藏的韻書卷子；對於姜書論部，作了一番訂正的工夫，而對於譜部則存而不論。因此我這一部書分爲三部分，第一部分是摹印姜書三十三種卷子，和我新補抄的十二種卷子。第二部分是核對姜書字部的新校。第三部分是姜書論部的案語。爲了便於觀覽，以卷子爲經，每一卷子先列姜的摹抄本，跟著便是該卷子的新校和案語。」又說：「除普魯士學院所藏的韻書，據云已燬於二次大戰外，其他各卷都做成新校，姜書提到 P 二〇一四、P 二〇一五的缺頁，和未提到的 P 三六九三、P 三六九四、P 三六九五、P 三六九六、P 三七九八、P 三七九九、以及 P 二〇一二等卷，都已補抄。還有姜抄的字寶碎金，僅收 P

二七一七卷殘，我補輯Ｐ二０五八、Ｐ三九０六、Ｓ六一八九、Ｓ六二０四各卷校成較完足的本子。

由潘師「新編」的新校部分，可發現姜書有以下重要的缺失：

（一）漏抄：

1.漏抄字句：例如姜書Ｐ二六三八卷抄本第二葉正面第十一行：「有可昭其憑」，原卷作「有可紐不可行之及古體有依約之並採以爲證庶無壅而昭其憑」，「有可」下，姜抄脫二十一字。

2.漏抄原文旁加的符號：例如姜書Ｐ二六三八卷抄本第二葉正面第六行：「子細之言研窮」，原卷作「子細言之研窮」，「言之」旁加「卜」，乃表示「言之」爲衍文，姜氏漏抄。

3.漏抄反語：例如姜書Ｐ二０一七卷抄本第十七行：「二一震」，原卷作：「廿一_{職刃}震」，姜漏抄反語。此卷漏抄之反語有三十二個以上。

（二）誤抄：

1.誤抄字句：例如姜書Ｐ二六三八卷第十行：「大隨」，原卷「隨」作「隋」。又Ｓ二０七一卷第十三頁反面第六行：「茶_{葉又慶麻反}」，原卷「葉」作「苦茱」。

2.誤抄韻目：例如姜書Ｐ二０一七卷抄本第十七行：「廿三」，原卷「㷿」作「燉」。

3.誤抄反語：例如姜書Ｐ二０一七卷抄本第十三行：「七_{止雨}」，原卷「雨」作「而」，姜誤認。又姜書Ｐ二０一一卷摹本：「詰_{去疾反}」，原卷「疾」作「吉」，姜誤抄。

4.原文可識而往以爲缺文：例如姜書巴黎未列號諸卷之丁（即Ｐ五００六）反面第二行：「琰_{□冉}」，原卷缺文作「以」。

（三）以意臆加或增改：

1.臆加反語：例如姜書Ｐ二０七一卷摹本第三二頁正面第八

行：「具_{舉許劣反三}」，原卷無「許劣反三」四字。又姜書Ｐ
二一二九卷抄本：「又支_{章移反}脂_{旨夷反}魚_{語居反}虞_{遇俱反}共爲不韻
先_{蘇前反}仙_{相然反}尤_{于求反}侯_{胡購反}俱論是切」，原卷於每個韻目之
下並無反語，此乃姜氏臆加。

2.以意增改：例如姜書Ｐ二○一七卷摹本第廿六行：「七_{無反語}
_{取蒸上聲}」，原卷作「七 拯」，「無反語取蒸上聲」七字，乃
姜臆加，原卷實有：「之□」反語。

3.以簡字易原字：例如姜書Ｐ二○一七卷摹本第十三行：「_之
_x眞」，原卷「X」作「義」。

　　由於以上種種的失誤，姜書中錯誤的反語，觸目皆是，不勝
枚舉。姜書中的「論部」，是姜氏考論「字部」的個人意見，潘師
以爲姜氏底本既誤，據以立論，恐未可深信，於是根據校正的卷
子，訂正了姜書「論部」中許多立論錯誤之處，在卷後附以案語。
例如Ｐ四七四六卷（即巴黎未列號之甲），末行有「切韻卷第五」
的字樣，「切韻卷」三字，原又可識而姜氏徑以爲缺文，遂論定此
卷爲長孫訥言別本，潘師在此卷之後加以案語云：「末行實爲『切
韻卷第五』。是此爲切韻殘卷甚明。Ｓ二○五五有『切韻第一』標
題；Ｓ二○七一有『切韻卷第二』、『切韻卷第三』、『切韻卷五』
標題，此云『切韻卷第五』，當爲同類卷子。」又如姜書論部Ｓ
二○五五卷爲長孫訥言箋註本證一文，論聲母之變異云：「東韻
烘字乎同反_{內王本同}《廣韻》作呼東，曉匣之異也。」潘師於此卷後
加以案語云：「此卷烘呼同反，姜云乎同反，誤。」再如姜書論部
Ｐ二○一一王仁煦刊謬補缺切韻研究〈論輕重脣之易〉云：

「霸薄駕　廣韻作必駕　並與非之易
　瑋方孔，廣韻作邊孔　非與并之易」

潘師的案語是：「本卷作博駕，『薄』當作『博』。『博』、『必』均
邦紐，姜謂『並與非之易』，誤。「本卷無瑋字。Ｓ二○七一卷有，
作方孔反。方非紐，邊邦紐，姜云『非與并之易』，誤。」諸如此

類，姜氏因誤抄或臆加而致誤者，不煩縷舉。潘師的新校，可使以後利用姜書的人，不致於根據錯誤的新材料，推論出不正確的新學說。

P二〇一四第八、第九兩頁，在姜氏與伯希和晤面時，伯希和已選送倫敦參加中國藝術展覽，所以姜氏未及收錄。當時天津大公報（二十四年十月六日）巴黎通訊，載其詳目云：

「二六六六藝風堂目號碼　二零一四伯希和號碼
大唐刊謬補闕切韻　刻本，僅選兩葉與會」

記者在二〇一四號下云：「是書為唐王仁昫撰，書名上標『大唐』兩字，則為刻於唐代可知也。」魏建功先生十韻彙編序根據通訊記者所寫，略記疑點說：「二〇一四『大唐刊謬補闕切韻』題字是一張末葉，我們不能必斷是王仁昫無疑。故宮本王仁昫韻祇寫『切韻』，敦煌掇瑣本王仁昫韻都寫『刊謬補闕切韻』，體制原不一定。後人復刊前代的書並不改字；澤存堂刻廣韻依然題『大宋重修廣韻』，有大唐字樣還可以有五代刻的可能。隋唐韻書作者起，名稱相襲相重的屢見不一，我們不能因為知道王仁昫有刊謬補缺之作，遇有刊謬補闕的就給王仁昫遇缺即補。故宮本王韻與敦煌掇瑣本王韻不相同，這刻本也不與那兩本相同。第一宣韻不是王韻裏有的；第二鹽韻五十一的次第不是王韻的系統；第三宣韻三十三和鹽韻五十一排不連攏，第四三十五豪韻影片注二〇一四（8）與注二〇一四（5）的肴韻殘葉影片確是同板的兩張印本，然則二〇一四總號下的各紙必是從書的形式上的觀察集合起許多殘葉來的了：從這四點上看，我們反不敢說什麼話了。」魏氏又比較二〇一四和敦煌掇瑣中P二〇一一兩卷的異同，作出幾種假設：

「刊謬補缺不止王仁昫的一種；
孫愐或李舟也許有刊謬補缺之名；

或許別有像故宮本混合意味的韻書叫刊謬補缺。」

姜亮夫先生在《瀛涯敦煌韻輯》中也有推論，他說：「此卷蓋晚唐人依諸隋唐韻書如陸法言，王仁煦、孫愐、李舟之作，另爲編排而又增益文字義訓者也，故內容與諸家不殊，而韻部大異。」魏姜二氏的推論極有見地，然未見原卷，還是得不到結論，而潘師根據補抄的Ｐ二〇一四第九頁，作出了令人可信的結論：

（一）大唐刊謬補闕切韻可能是晚唐人根據王仁煦的切韻增編續修的。潘師在自序中說：「我們得見Ｐ二〇一四第九頁，末行標明『大唐刊謬補闕切韻一部』，而這一頁正反面有職韻的殘字，及卅四德、卅五業、卅六乏的韻目及殘字。可見此本入聲有三十六個韻部。又Ｐ二〇一四卷四前頁殘存第　五清至五八凡的韻目，第四種又有卅一宣韻目，可見此本平聲有五十八個韻部。Ｐ五五三一與Ｐ二〇一四是同類的本子，它的第一頁殘存有廿雪、廿一錫兩韻，雪韻是由薛韻分出的入聲新韻部。此本如上去聲存在，合計韻部當有二百一十部。不獨韻部多於Ｐ二〇一一和宋濂跋本王仁煦刊謬補缺切韻，而且也多於宋人增修廣韻。夏揀古文四聲韻所據唐切韻，平聲韻後有移韻，仙韻後有宣韻，上聲獮韻後有選韻，去聲梵韻後有　韻，入聲質韻後有聿術二韻，正是與Ｐ二〇一四相近的韻書。大概陸法言切韻盛行以後，韻學家剖析日密，王仁煦據切韻一百九十三韻增爲一百九十五韻，孫愐又增訂爲二百零五韻，晚唐人根據刊謬補闕切韻分析增加到二百十韻。」

（二）刊謬補切韻是有「無宣韻」與「有宣韻」的兩種。潘師在自序中云：「無宣韻的在前，有宣韻的是晚唐人據刊謬補缺切韻分析增益而成的本子。」

由這一頁韻書殘卷，潘師提出可靠的結論，解決了久懸的疑案，可見材料的完缺，對於學說的發明以及結論的是否可靠有極

大的關係。

至於新抄的材料，是那一種韻書的殘卷？由潘師的考證得知：

P三六九三，二紙，韻次皆與宋濂跋本王仁煦刊謬補缺切韻相同。

P三六九四，一紙，似與P三六九三同一寫手，蓋同一書。

P三六九六，一紙，筆跡與P三六九三全同，蓋為同書。此卷標明「切韻卷第四去聲 五十六韻」，與標明「切韻卷第五」之P三六九四，蓋同一書。

P三六九五，一紙，筆跡與三六九六，似同一書。

P三六九六，一紙，筆跡與P三六九五全同，蓋同一書。

P三七九八，一紙，切韻殘卷。

P三七九九，一紙，切韻殘卷。

P二0一一，十一紙，王仁煦刊謬補闕切韻，劉復收入敦煌掇瑣中，間有失誤，故加以重抄。

這些珍貴的新材料，正可做為學術界人士今後研究的參考，提出新學說的根據。

總之，潘師的這部《新編》，不但指正了姜書的錯誤，補充了姜書的遺憾，修訂了聲韻學上的一些問題，在研究方法上，給了我們許多的啟示；而且使我們知道，為了愛護中國的學術典籍，每個人應該頁獻心力為它做出有價值的工作。

跟《瀛涯敦煌韻輯新編》併行的，潘師還有一部《瀛涯敦煌韻輯別錄》。版式與《新編》同，共九二頁，也是由新亞研究所印行，定價港幣二十元，美金四元，民國六十二年三月出版。據潘師自序，這部別錄，是姜亮夫所闕略失採的，故每篇各綴以校記，考定為別錄一卷，亦由潘師手寫付印。在這本別錄裏頭，共收錄六篇文字，它們是：

巴黎藏伯二七一七號字寶卷子校記

影寫瀛涯敦煌韻輯Ｐ二七一七卷抄本

新抄Ｓ六一八九字寶碎金殘卷

Ｓ六二〇四字寶碎金殘卷題記

巴黎藏伯二〇一二號守溫韻學殘卷校記

新抄Ｐ二〇一二守溫韻學殘卷

　　潘師所抄各卷皆註明其質地樣式，如巴黎藏伯二七一七號字寶卷子校記中說：『巴黎國家圖書館藏伯二七一七號卷子，白楮，四界。正面字寶序，首缺。背面為學僮習字。劉復載入《敦煌掇瑣》，姜亮夫載入《瀛涯敦煌韻輯》，皆據此卷。』潘師更以其所抄與劉復、姜亮夫所抄的作成校記，發現劉姜二氏多有誤抄。例如本卷平聲，肥　體筆苗肥　又囗一行，筆苗反的「苗」字，劉姜二氏都誤抄為「者」字。總共校對出六七處有誤的地方，不過這中間也有原卷錯誤，而根據他卷改正的。

　　至於伯二七一七號字寶卷子，究竟是一種甚麼性質的卷子呢？潘師說：『詳觀此卷，抽繹序言，知作者有感於人人口中之語言，不能著於人人目睹之文字。口能言之，而筆不能書之，故曰：「言常在口，字難得知。」又通行俗字，用以記口中之語言，然其字不見於經典史籍之內，學士大夫多不能識。故曰：「猥剌之字，不在經典史籍之內，開於萬人理論之言，字多僻遠，口則言之，皆不之識。」於是耳聆通俗語言，或不能書；目睹通俗文字，或不能識，……然在上者既不肯著錄以示人，小學家又輕忽而不屑，遂使日月宣於口中者不能書，日日書於紙上者不能識。故作者發憤成此一卷書，以濟時而救弊也。』由此可知，此卷『所採緝者皆當世口中之恒言，所著錄者皆通俗手寫之文字。倘能聆音識字，即可立曉其義。』以此看來，這本卷子，實在是研究唐五代俗語的一種最寶貴的語言學資料。昔人很少利用這些材料從事語言學的研究，正有待我們後來的人繼續努力啊！因為這本卷子著重在

「聆音識字」。所以卷中詞語注明音讀至詳，而解釋意義者絕罕，然時移語變，未注明意義者，則後世讀者多不能解。故潘師批評它說：『此作者拘墟於目前，以爲世人通曉，不煩詳解其義，而不知文字語言常隨時空而流變，故其書不足通古今之郵也。』實爲一語中的。

此外，因此卷手抄訛誤甚多，潘師就其正文與音切互校，以爲有據正文而可正音切之誤者，亦有可據音切而正正文之誤者，今各錄一條以明師校勘之精審。下條是據正文改正音切之誤而極有見地的。如：

礉_{若交反 只用反}　案：《廣韻》五肴：「礉，石地，口交切。」「若」當爲「苦」字之誤，口苦皆溪母字。確蓋磽之俗寫，《廣韻》入聲四覺：「確，靳固也，或作碻。苦角切。」此卷「只用反」疑爲「口角反」之誤。

左條是據音切而改正正文的錯誤。如：

鼕　徒紅反　案《廣韻》二冬：「鼕，鼓聲，徒冬反。」疑正文「鼛」爲「鼕」之誤。

潘師校正原卷之錯誤，其精審處皆如此。惟原卷平聲面　風友加皮，聲㗩㗩友咬反。兩切語上字的「友」字，潘師根據《廣韻》下平九麻「皷、鮑鼻。側加反」及五肴「㗩，耳中聲，側交反」兩個切語。斷定當係「支」形近誤字。以爲支側皆屬照母，側爲照母二等字，支爲照母三等字也。然筆者以爲與其定「友」爲「支」字之形誤，曷若定爲「仄」字之形誤。考《廣韻》入聲二十職韻，仄側同音阻力切，二字同屬照母二等（即莊母）。未知潘師以爲如何？影寫《瀛涯敦煌韻輯》P二七一七卷抄本。大概是想讀者可利用潘師的抄本彼此互相對照吧！

新抄S六一八九字寶碎金殘卷。潘師記道：『白楮，四界，字大，僅存二行。』S六二〇四字寶碎金殘卷題記。潘師記云：『白

楮質粗，凡七紙，兩面書。紙高十一吋，長十六吋，裝裱成冊。字不甚工，無四界。首葉已殘損，子文存十三行，⋯⋯末附絕句四首，與Ｐ三九〇六卷全同。』，這兩卷都是殘缺材料，展卷可知，這裏就不多加介紹了。

最後兩篇是巴黎藏Ｐ二〇一二號守溫韻學殘卷校記及新抄Ｐ二〇一二卷守溫韻學殘卷。潘師記云：『白楮，十一紙，正面佛畫。背記韻學三截。劉復載入《敦煌掇瑣》，題云：守溫撰論字音之書。姜亮夫《瀛涯敦煌韻輯》未載。』師校正劉氏誤抄共三十九處。守溫韻學殘卷，劉半農先生抄錄回國後，羅莘田先生曾撰〈敦煌寫本守溫韻學殘卷跋〉一文（載《中央研究院歷史語言研究所集刊》第三本第二分），多有闡發。惟推斷此卷所載三十字母為守溫所訂，今所傳三十六字母，則為宋人所增改，而仍託諸守溫者。本師瑞安林景伊先生曾對羅氏此說提出疑義。林師云：『竊謂若依羅說，則有可疑者三：一、此殘卷無有標題，雖署為守溫述，不知其標題究何所指。況述者有述而不作之意，安如其非述前人所剙之字母？二、因守溫自有所增改，或先述前人之作，再以己意定之，而殘卷適佚其己之所定，存其述前人之作，亦未可知。三、與今傳三十六字母較之，其所少六字母，適符呂介孺之說，則呂氏之說亦未必不可信。』（見《中國聲韻學通論》）今潘師於此卷曾親自過目，既為新抄，又作校記，則對此卷之觀察必細微縝密，與那些輾轉寓目的不同。潘師云：『余細察此卷，蓋僧徒隨手摘錄守溫韻學之所為，故任意寫於一佛畫卷之背面，且一截在倒數第二紙，一截在倒數第三紙，一截在倒數第六紙，並不貫聯銜接，第二紙第六紙，字體較接近，第三紙字大而尤草率，似非同時所書，且行款參差錯落，極不整齊，亦非經意之作。前無標目，後無題款，首尾皆不完備，與紙墨遭受殘損，以致書缺有間者不同。余意僧徒蓋據守溫韻學完具之書，隨手摘抄數截於卷子之背，並未全錄原書，故僅存此片段遺文耳。又案：此卷首

署「南梁漢比丘守溫述」，述之云者，前有所因之詞，疑守溫之作，蓋亦本於前修。更即此卷內容觀之，凡文字切音，皆稱爲友，此在唐人寫本韻書莫不皆然，唐以後則否。即此一端，已足證此卷爲唐人之作』。這本守溫韻學殘卷，雖不是紙墨之殘損，然既爲僧徒隨意摘抄，則非守溫之原書顯然可知，本師林先生之所致疑，得潘師之親見目聞，尤其可以確信了。此卷既爲唐人之作，則守溫也必然是唐代的人無疑。而守溫所述字母又前有所因，那麼前修之爲舍利亦大有可能。然則以舍利首捌三十字母，守溫增益爲三十六字母之說仍極可信。潘師更據此本之分析等第輕重與宋人《切韻指掌圖》、《韻鏡》吻合，因以爲《指掌圖》與《韻鏡》亦必本於唐人舊製。若然，則《韻鏡》一書已使用三十六字母之系統，那麼三十六字母不可能是宋人所訂，因爲如果是宋人所定，《韻鏡》就不可能使用這個系統了。

　　潘師在《瀛涯敦煌韻輯新編・序》裏最後有一段語重心長的話，謹引錄於此，作爲我們寫這部書評介紹給讀者的同樣動機。潘師說：『整理這部《瀛涯敦煌新編》，目的便是在繼續前輩學者的努力，尋回失落在海外的學術新材料，正確的呈獻給學術界人士，作爲發明新學說的可靠的根據。我希望從事學術的朋友，爲了愛護中國學術的共同心願，不斷的予以指正和修訂，使我們獲得的新材料越來越豐富，越來越正確，我們不分先後，不分彼此，我們一切都是爲了愛護中國學術的共同心願。』

本文與陳新雄教授合撰，原載於 1974 年 1 月《華學月刊》No.25，23-25 頁。

評〈六十年來之聲韻學〉

著者：陳新雄

論文名稱：〈六十年來之聲韻學〉

期刊名稱：《六十年來之國學》
　　　　　（第二冊第四篇）

版式頁數：24 開本
　　　　　255 頁―374 頁

出版地點：台北

書局或機構：正中書局

年代：1972 年 11 月

定價：精裝新台幣 110 元

　　自宋吳才老揅求古韻，勒爲專書，降及有淸，作者益眾，顧江段至以下，成就斐然，創獲頗多，聲韻學之研究，遂啓坦途。

　　民元以來，聲韻學家利用敦煌韻書，以及方言資料與近代西洋語音學之方法，或　源闡幽，補前賢之未逮；或鉤玄探賾，發一己之新說。著述如林，燦然可觀，研究成績，遠軼前淸，實開中國聲韻學之新紀元也。本師陳伯元先生總結民國以後聲韻學家研究之成果，撰成〈六十年來之聲韻學〉一文，舊學新說，融於一篇，蒐羅稱備，剖析精當，議論卓犖，啓發實多。有志於此道者，不可不讀也。全文共分切韻學、古音學、等韻學三節敘述。茲簡介其內容於后。

壹　切韻學

　　本節於敦煌石室所發現及故宮所保存之唐本韻書，以及聲韻

學家於切韻系韻書之考訂、聲韻母系統之研究，音值之擬定，莫不詳加評述。

切韻系韻書系統之考證，則王國維、魏建功、羅常培、姜亮夫諸家皆有所論。而姜氏《瀛涯敦煌韻輯》，因材料較多，所論尤詳。

《切韻》、《廣韻》聲母系統之考訂，則歷敘黃季剛、高本漢、羅常培、張煊、白滌洲、黃淬伯、曾運乾、周祖謨、董同龢、李榮、王力、周法高諸家研究之成績，評其得失。作者謂高氏所考不無缺憾，然能以現代方言及國外譯音為引證材料，實有功於中國聲韻學也。

聲母音值之擬定，自高本漢以後，羅常培、陸志韋、周祖謨、董同龢、李榮、王力、周法高等，亦時有修正。作者以為《廣韻》聲母不論如何分類，而在擬音上實大同小異。黃季剛先生四十一聲類，實足以概括，因此參酌諸家，而擬定四十一聲類之音值。《切韻》、《廣韻》韻類之分析，則歷敘黃季剛、林師景伊（尹）先生、高本漢、董同龢、李榮、周祖謨、周法高諸家之成就，評其得失。

韻母音值之擬測，高本漢所擬，未能盡善。其後羅常培、林語堂、李方桂、周法高、陸志韋、董同龢、李榮、王力諸家，皆有所商榷。王力以隋時洛陽音以構擬《切韻》音，作者謂其大致能顧及《切韻》之性質，較為切近。

《切韻》之聲調，向來定為平上去入四聲，而李榮《切韻音系》創為四聲三調之說，假設《切韻》之四聲，論調值僅有三類調位，平聲上聲各一類，去聲入聲同屬一類，去入之異在於韻尾，去聲收濁音，入聲收清音、而樂調相同。作者謂由此假設，則於史實上去入關係何以特別密切亦足明曉矣。

此外，於張世祿之《廣韻研究》、周祖謨之《廣韻校勘記》、沈兼士之《廣韻聲系》，亦有中肯之批評。

貳　古音學

　　本節於古韻分部、古聲紐之考訂、聲韻母之擬測、古聲調之推論，自章太炎以迄作者，各家之說，莫不網羅殆盡，評其優劣。

　　古韻分部，則歷敘章太炎、黃季剛、黃永鎮、王力、羅常培、周祖謨諸家之學說，述其貢獻，評其是非，而作者創爲三十二部之說，雖曰悉本前賢，然分合去取之間，固獨有所見也。作者於章太炎之成均圖，則破除世人以爲其圖「無所不通，無所不轉」之誤解。於黃季剛古本紐、今變紐、古本韻、今變韻之說，則以爲不無理由，林語堂譏評黃氏以紐韻互證爲「乞貸論證」，未免武斷。

　　古聲紐之考訂，則歷敘章太炎、黃季剛、錢玄同、戴君仁、曾運乾、周祖謨諸家之創見，並論其得失。而作者群紐古歸匣之說，乃繼諸家之後一大發明也。其歸結上古單純聲母爲二十二紐，若除去古遺失之聲母不計，則爲十九紐，恰與黃季剛先生之說完全一致。

　　關於複輔音之問題，則列舉林語堂、吳其昌、唐蘭、高本漢諸家之意見，評其價值。

　　至於古音之讀法，汪榮寶氏〈歌戈魚虞古讀考〉，利用華梵對音以研究古音之音讀，爲古音之考訂，啓闢新途。其後諸家，於汪說或贊成，或反對。作者於各家之得失，皆有正確之評論。

　　古音聲韻母系統之擬測，則歷敘錢玄同、高本漢、陸志韋、董同龢、王力、李芳桂、周法高、以及作者各家所擬構之音值。

　　古聲調之推論，則列舉黃季剛、高本漢、陸志韋、王力、以及作者諸家之意見。作者本之其師林尹教授之說，以爲上古實際語音上有四種不同之聲調，而在觀念上僅有二類之區別。以其實際語音上有此四種不同之聲調，故詩之用韻，每四聲分用，以觀念上只有二類，故詩韻平上多合用，去入多混用也。

參　等韻學

　　本節於四等之界說，等韻之著作，皆有評述。更由等韻推及今人於方言之調查，最後則介紹有關聲韻學通論之著作。

　　關於等韻區分四等之定義，則列舉黃侃之詮釋，以及高本漢、羅常培二家之新說。

　　等韻之著作，則評介趙蔭棠《等韻源流》一書，以及羅常培〈釋重輕〉、〈釋內外轉〉、〈通志七音略研究〉；董同龢〈等韻門法通釋〉、〈切韻指掌圖諸問題〉、漢語音韻學第六章〈等韻圖〉，高師仲華〈嘉吉元年本韻鏡跋〉、〈韻鏡研究〉；許師詩英評羅董兩先生〈釋內外轉〉；林慶勳〈經史正音切韻指南與等韻切音指南比較研究〉等等。

　　至於現代方言之調查研究，則歷敍劉復、趙元任等各家研究之成績。作者以為方言研究與古音研究、切韻研究皆息息相關；苟中國方言皆能鉅細靡遺，一一調查清楚，則中國聲韻學必將大放異彩。

　　此外，尚有魏建功氏《古音系研究》一書，作者謂其乃檢討以往之成績，指示研究聲韻學之方法與材料，兼有聲韻學通論與聲韻學史之雙重目的之鉅著。最後介紹音韻學概論之著，其中以林師景伊（尹）《中國聲韻學通論》，最為精要，便於初學。

　　綜覽全文，其主要特色，約有下列諸端：

壹　蒐羅贍富，脈絡貫串。

　　此文蒐羅綦富，傳統聲韻學家自章太炎始，近世新學自高本漢始，所有各家，盡行收入。得此一篇，則六十年來聲韻學家之重要著作及學說，可一覽無遺矣。

　　此文分三篇敍述，每篇之中，舊學新知，則依其先後，闡述

要義，貫通源流，各家學說之消長，相互之影響，皆能剖析入微，
有條不紊。而各篇之間，亦能前後呼應。如於切韻學一篇中，提
及黃季剛先生就《廣韻》所包之聲韻系統，考其聲之正變與韻之
正變，而鉤稽今古得古聲十九紐；於古音學一篇中，即詳敘黃君
考訂古本聲十九紐、古本韻三十二韻之方法，並介紹正韻變韻之
定義；等韻學一篇中，復又敘及黃君以韻之正變闡釋四等之區別。
讀者若能前後參驗，自能得其會通也。

貳　評述詳盡，持論客觀。

　　此文對於較有啟發性之著作及學說，皆不惜翰墨，詳述其研
究之方法，評論其學說之得失，以資吾人之借鏡。如瑞典高本漢，
以近代西洋語言學之方法研究中國聲韻學，於切韻音系，尤多建
樹。高氏最重要之鉅著，則為《中國音韻學研究》一書。作者就
此書研究之方法、依據之材料、研究之主題、所得之結論、以及
對國內學術界之影響，詳加評述。至於高氏擬音之缺點，則引述
林語堂之批駁，最後下以己意曰：「雖然高氏所考，不無缺憾，然
能以現代方言及國外譯音為引證材料，實開中國聲韻學之新紀元
也，苟細之處未必是，然其考證之功確實之處亦頗不少，國人每
苦其書之難讀，故於此為之詳加介紹。」作者用心之良苦，持論
之客觀，於此可見。對於其他學者，有所評論，亦能不偏不倚，
切中肯綮也。至於未有結論之學說，亦能存而不論，不遽下斷語。
如評周法高之〈論上古音〉一文曰：「周氏此文……古韻分部採羅
常培三十一部之說，簡化韻母之元音系統……周氏雖簡省元音系
統，但介音極其複雜……實在亦所謂收之桑榆，卻失之東隅。本來
擬音向分兩派，一派多加元音，則簡化介音與韻尾，一派簡化元
音，則多加介音與韻尾，至於孰優孰劣，則尚待將來之論定。」
立言之慎重可見一斑。

參　採擷眾說，獨有所見。

此文舊說新學，冶於一爐；復能採擷眾說，撮其精華，整理稽考，獨有所見，而非徒事評述而已。其論《廣韻》之聲類，則力主黃季剛先生四十一聲類之說，並參酌諸家，擬定四十一聲類之音值。其論《切韻》韻母系統之擬測，則謂王力之擬音，大致能顧及《切韻》之性質，故所著《古音學發微》於《切韻》音之擬測，即採用王氏之說而略有修正。其於古聲紐系統之考訂，則有群紐古歸匣之論，並創爲二十二紐之說，若除去古音遺失之聲母，則爲十九紐，與黃侃之說完全一致。其於古韻之分部，則創爲三十二部之說，雖曰悉本前賢，然分合去取之間，固亦有所發明也。其論上古之聲調，則本之師說，而折衷各家，以爲上古實際語音上有四種不同之聲調，而在觀念上則僅有二類之區別。其於等韻學，則能融通新舊，闡發奧義，有功於初學也。

由上可知，此文乃兼有聲韻學史與聲韻學導論雙重性質之著作。得此一篇，則後學者無虞歧路之旁皇，而知所依歸也。

本文原載於 1974 年 2 月
《華學月刊》No.26，20-22 頁

評〈六十年來之訓詁學〉

著者：黃永武
論文名稱：〈六十年來之訓詁學〉
期刊名稱：《六十年來之國學》
　　（第二冊第五篇）
版式頁數：24開本
　　　　375頁—416頁
出版地點：台北
書局或機構：正中書局
年代：1972年11月
定價：精裝新台幣110元

　　訓詁之術，創自先秦，盛於兩漢，許慎以降，代有作者，雖式微於元明，而恢宏於有清，逮乎段王，首破形障，以音求義，不拘形體，啓闢新途，實大有功於斯學也。

　　民國以來，學者承挑清儒啓發之遺緒，而材料增富，方法轉精，於聲義之關係，語根之探討，多所闡發，時有創見，皆能超軼前修，啓迪後學，其功不可沒也。同門學長黃永武先生所著〈六十年來之訓詁學〉一文，乃就民國以來六十年間，著述可觀者，列舉十家，詳其義例，評其得失。全文除前言外，共分十一節敍述，茲簡介其內容於后。

　　第一節、章太炎。評述章氏《文始》一書，獨標語根為研究之重心，較清代王、段、錢、郝諸家，拘牽形體為殊勝。小學答問一書，推明正借，貫穿聲義，與《文始》一書並集小學之大成。《新方言》一書，欲自方言俗語中，推尋古音古義之遺，於訓詁

之學，又闢一蹊徑。《國故論衡》上卷，闡明音理，創立成均圖，定古韻二十三之音準，發娘日三紐歸泥之說等等，皆有助於訓詁之考求。

第二節、劉申叔。介紹劉氏《小學發微補》、《爾雅蟲名今釋》、《中國文學教科書》、《左盦》第四卷、《左盦外集》第六、第七卷等有關訓詁之著作。於「字音取象物音」、「古代音同之字，義即相同。」、「字義起於字音說」、「古韻同部之字義多相近說」等，闡釋尤詳。

第三節、黃季剛。介紹黃氏〈說文略說〉、〈音略〉、〈聲韻略說〉、〈聲韻通例〉、〈求本字捷術〉、〈爾雅略說〉、〈蘄春語〉、〈春秋名字解詁〉等著作。以為〈蘄春語〉一文，非獨以方俗之語為限，間取經傳以證《方言》、《釋名》之書，此乃將訓詁之業擴及故紙材料之外，證及語言活用之間。〈求本字捷術〉一文，則有功於字根、語根之推求也。

第四節、王靜安。介紹《王觀堂先生全集》中，與訓詁有關之著作。以為王氏對於聯綿字之蒐集排比，究其聲韻，尤為訓詁研究之新途徑。

第五節、沈兼士。評述沈氏右文說在訓詁學上之沿革改其推闡一文。謂此文「比較字義」、「探尋語根」兩節，一以示右文說在訓詁學上之應用，一以發右文說與語言學之關係，而為中國訓詁學闢一革新研究之途徑。

第六節、胡樸安。介紹胡氏《中國訓詁學史》。謂此書所論皆稱洽當。

第七節、何仲英。評介何氏《訓詁學引論》一書。謂何氏該括語言學、文法學於訓詁學之中，故所論每嫌廣泛。

第八節、齊佩瑢。評述齊氏《訓詁學概論》一書。謂訓詁學正式成書，當推齊氏。惟齊氏言語根而不信聲義同源之說，以為「我國語言中聲近義通之現象，乃是後期之孳乳分化，而非原始

音與義間所示之聯繫。」所論似是而非，故於齊氏之說，多所批駁。

第九節：楊樹達。謂楊氏所作《積微居小學金石論叢》一書，可謂考論文字訓詁之代表作。其「形聲字聲中有義略證」及「字義同緣於語源同例證」二篇，一說字根，一說語根，可啓上探語源之堂涂。

第十節、林景伊。作者黃永武先生受命理董林師景伊授課之綱要，輯采例證，考覈原書，撰成《訓詁學概要》一書。全書共分八章，大抵以季剛先生所講之訓詁述略為藍本，復博采清儒及近六十年來學者研討訓詁之方法為材料，廣甄諸家之說，約之以季剛先生之精義，以成一家之說。洵空前之鉅著也。

第十一節、其他。上述十家之外，尚有魯師實先、戴君仁、杜學知、徐善同、龍宇純等名家，或以尚未成稿付梓，或以來日創述之功，尚無限量，固不得以當今著作為論斷，故略而不述。

綜覽全文，除剖析微密，評述精當外，其主要特色，約有二端：

第一　闡發形聲義之關係，深有所得。

訓詁之要，在於形聲義三者之貫穿證發，故全文於此三者之關係，闡發獨多。於字義引申次序之先後，則謂《文始》一書誤以字形之孳生次第，為字義之孳生次第，乃章氏之疏，而謂「初文最初義之考校，字義與語音引申分化之先後，端委正繁，亟待後人梳理者尚多也。」於字形與音義之關係，則曰：「字形與語音語義，雖間有引申假借之例，要皆有線索可尋，若遽舍字形以言語根，則古代文字語言形音義三者一貫之跡，尤撲朔難曉矣。」於語音與語義之關係，則推闡劉師培之「字義起於字音說」以及楊樹達之「字義同緣於語源同例證」等文，因謂齊佩瑢所持之異論，似客觀而實謬，其言曰：「蓋一物之名，可自多方面取義，各

國各地方言不同者，或爲取義之方面不一，故其聲亦小同……如車，自其如屋舍取名，則音『舍』。自其可居處取名，則音『居』，不得因車有『舍』『居』二音，即謂音義之間無必然之關係。」是誠的論。形聲義三者相切之理得以闡明，則語源之推尋，不致流於嚮壁虛造。作者舉例發凡，啓發實多也。

第二　字形與語音並重，啟示今後語根推尋之途徑

　　語根之推尋，乃訓詁之極致也。民國以後之學者，或主張利用右文以探尋語根；或主張以語音作根據，而不受字形之拘牽。二者各有得失，故作者以爲若欲考究語根，則字形與語音不可偏廢。其於第一節云：「欲求古義，必依形、聲，形聲義三者相互貫穿，乃小學之極致。」於第五節云：「李（方桂）氏以爲應以語音作根據，以探尋語根，固然正確，然亦不必『拋開字形』……若遽舍字形以言語根，則古代文字語言形音義三者一貫之跡，尤撲朔難曉矣。故（沈兼士）先生右文之說，實爲探尋語根所必需之初步工作，亦今日學者致力於訓詁學所必需循此以進之康衢也。」於第三節中，介紹黃季剛先生〈求本字捷術〉一文之後，則舉出探尋語根之具體方法云：「求語根者欲求文字語言訓詁之根本。即就文字求初文，以定其字根，復就聲義同源之故，綜合字根之同聲同韻者，以求其語根。」洵珠玉之論也。

　　由上可見，此文非僅評述諸家學說之大旨而已，亦啓迪後學研究訓詁學之途徑。讀者其三致意焉。

本文原載於 1974 年 3 月

《華學月刊》No.27，20-22 頁

周易卦爻辭之作者

　　周易卦辭、爻辭之作者，眾說紛紜。莫衷一是，歸納各家之說，約有下列諸端：

1.卦爻辭並是文王所作：

　　《周易正義》：「其周易繫辭凡有二說：一說所以卦辭、爻辭並是文王所作。知者，案〈繫辭〉云：易之興也，其於中古乎？作易者其有憂患乎？又曰：易之興也，其當殷之末世，周之盛德邪？當文王與紂之事邪？……故史遷云：文王囚而演易。即是作易者其有憂患乎。鄭學之徒並依此說也。」（《周易正義・序》）

2.卦爻辭並是周公所作：

　　程師旨雲曰：「亦有謂卦辭爻辭，有一貫之體制，似成于一人之手者。其年代或在周武伐紂以後，周公東征以前。是否作於周公，尚待論定。」（《國學概論》上冊）顧頡剛氏曰：「說周公作卦爻辭的，其證據在《左傳》昭二年，晉韓起來聘，觀書於太史氏，見了易象與魯春秋曰：《周禮》盡在魯矣！因《周禮》為周公所制，故易象所繫之卦爻辭應為周公所作。」（《古史辨》第三冊，〈周易卦爻辭中的故事〉）

3.卦辭文王作；爻辭周公作：

　　《周易正義》：「其周易繫辭凡有二說：……二以為驗爻辭多是文王後事，案〈升卦・六四〉：王用亨於岐山。武王克殷之後，始追號文王為王，若爻辭是文王所制，不應云：王用亨於岐山。又〈明夷・六五〉：箕子之明夷。武王觀兵之後，箕子始被囚奴，文王不宜豫言箕子之明夷。又〈既濟・九五〉：東鄰殺牛不如西鄰之禴祭。說者皆云：西鄰謂文王，東鄰謂紂。文王之時，紂尚南面，豈容自言己德受福勝殷，又欲抗君之

國,遂言東西相鄰而已。又《左傳》韓宣子適魯,見易象云:
吾乃如周公之德。周公被流言之謗,亦得為憂患也。驗此諸
說以為卦辭文王,爻辭周公。馬融、陸績等並同此說。」(《周
易正義序》)

4.卦辭、爻辭並是孔子所作:

皮錫瑞氏云:「孔疏之說,文王作卦爻辭,及文王作卦辭,周
公作爻辭,皆無明文可據,是非亦莫能決......當以卦爻之辭並
屬孔子所作,蓋卦爻分畫於羲文,而卦爻之辭,皆出於孔子,
如此則與易歷三聖之文不背,箕子岐山東鄰西鄰之類,自孔
子言之亦無妨,若以為文王作爻辭,既疑不應豫言,以為周
公作爻辭,又與易歷三聖不合,孔疏以為父統子業,殊屬強
辭......。」(《經學通論》,論卦辭文王作爻辭周公作皆無明
據,當為孔子所作)

5.卦爻辭並非文王、周公或孔子所作:

顧頡剛氏云:「它的著作時代當在西周初葉。著作人無考,當
出於那時掌卜筮的官(即巽爻辭所謂『用史巫紛若』的史巫)」
(《古史辨》第三冊,〈周易卦爻辭中的故事〉)

各家之說既陳述於上矣,然則當以何說為是?顧氏以卦爻辭
皆非先聖所作。殊屬標新炫奇。今觀卦爻辭之體制與卜辭不同;
且其精微幽深,亦非一般史巫所能及也。故不取焉。而其餘四說,
亦各執一詞,互相駁難。然其中必有一說較近情理邪?程師旨雲
曰:「卦辭作於文王,爻辭作於周公,幾成定論。」今一本師說,
試由卦爻辭中所呈現之宗教、政治思惟,與夫社會制度以證之:

1.卦辭不言「天」,爻辭言「天」者四。考周初始特別強調「天」
之觀念,故爻辭作於周公,較近情理。

古代政治思想之胎原,首在「天道」思想,而詩書中關於天
命之說載之甚眾,故殷周之時中國尚在神權政治時代,一切

命令設施，均託之於天與上帝，故置君由於天命，殆為我國先民之一普遍信念。周公在殷遺民前強調「殷革夏命」[1]，以證「周革殷命」之為正當，則周未克殷之前，固承認政權係由天所命，亦即係天之代表，是知殷在未亡之時，為當時所共同承認之共主。文王處殷季之時，「三分天下有其二，以服事殷」（《論語‧泰伯》），雖有代商稱王之野心，亦承認殷紂為天所命之王，故天命克殷之觀念，必待武王伐紂時始強調之：「今予發，惟恭行天之罰。」（《尚書‧牧誓》）成王封康叔於衛時亦曰：「天乃大命文王，殪戎殷，誕受其命。」（《尚書‧康誥》）武王崩，三監及淮夷叛，周公相成王，作大誥，成王遍告天下之人曰：「已，予惟小子，不敢替上帝命。天休于寧王，興我小邦周。」知周初文獻特強調天與天命之觀念。而爻辭多言天，正與此合。故爻辭為周公所作，較近情理。

2. 爻辭中所謂之「天」，為「理性之天」，視「天」為一宇宙力量；論語中所謂之「天」，為「運命之天」[2]。視天為一有意志之上帝，故爻辭非孔子所作，由此可證：

殷周時所謂之天，其性質不外三種：一曰「形質之天」，乃人類對於天體之自然觀，如「悠悠昊天」（〈小雅〉）「悠悠蒼天」（〈王風〉），是也。一曰「主宰之天」，視天為偉大之主宰者，有意志、有人格之神，詩書中所謂上帝、帝、皇帝皆是同義異名，乃指此種主宰之天而言，如「夏氏有罪，予畏上帝，不敢不正」（〈湯誓〉）「皇矣上帝，臨下有赫，監視四方，求民之莫。」（〈大雅‧文王〉）是也。一曰「理性之天」，視天為一無意志之主宰者，如「天生蒸民，有物有則，民之秉彝，好是懿德。」（〈大雅‧文王〉）「大哉乾元，萬物資始，乃統

---

[1] 《尚書‧多士》：「惟爾知惟殷先人，有冊有典，殷革夏命。」
[2] 馮友蘭謂孔子所言之天為「主宰之天」，未妥。當以「運命之天」為是。詳見《古史辨》第二冊，〈孔子在中國歷史中之地位〉，頁119。

天。」(《易‧上‧象傳》) 是也。前者「物」「則」乃指人倫之法則，願使順天應民之有德者，出而治世之謂，故此天明指天理而言。

爻辭所言之天，殆指第三種「理性之天」而言：

> 「自天祐之，吉無不利。」(大有‧上九)
> 「何天之衢。」(大畜‧上九)
> 「初登於天，後入於地。」(明夷‧上六)
> 「翰音登於天。」(中孚‧上九)

孔子所言之天，乃指「運命之天」，與上述三種之天，觀念有所不同。日人渡邊秀方云：「運命的天的觀念，到孔子時代才出現，古代似只有上述三種而已。」今依《論語》歸納孔子對天之觀念如左：

1.人之生死皆操之於天之手。

> 「子曰：『天生德於予，桓魋其如予何。』」(述而篇)
> 「顏淵死；子曰：『噫！天喪予！天喪予！』」(先進篇)

2.人之生死既操之於天，故天不喪斯人，則人雖欲喪之亦所不能。

> 「子畏於匡。曰：『文王既沒，文不在茲乎？天之將喪斯文也，後死者不得與於斯文也。天之未喪斯文也，匡人其如予何。』」(子罕篇)

3.人有病痛。禱告上天，即得寬宥，霍然而愈。

> 「子疾病，子路請禱。子曰：『有諸？』子路對曰：『有之。』誄曰：「禱爾於上下神祇。」子曰：『丘之禱久矣。』」(述而篇)

4.人若得罪一切，皆可以禱告釋罪，得罪於天，雖禱而無用。

> 「王孫賈問曰：『與其媚於奧，寧媚於竈，何謂也？』子

曰：『不然，獲罪於天，無所禱也。』」（八佾篇）

5.天既有如此之權力，則吾人之生死與成敗得失，皆由於
　天命。論語言天命之處甚多，茲聊舉數例：

「君子有三畏，畏天命，畏大人，畏聖人之言。」
（季氏篇）

「子夏曰：『商聞之矣，死生有命，富貴在天。』」（顏淵
篇）朱子解之曰：「商聞之者蓋聞之夫子。」

綜上所述，則知爻辭之「理性之天」與孔子之「運命之天」，
判然不同。若曰爻辭爲孔子所作，將陷孔子於矛盾地位，蓋
一人不可能同持兩種極端相反之哲學思想也。

3.卦爻辭所載之平民以女子居多，爻辭所載男女數目幾近相等。考
　商代政治組織，已屆氏族制度之末期，吾人由殷墟卜辭中可以
　窺見當時社會，以農事之進展，與氏族身分及職業之分化，社
　會上乃促成父系家族私有制之確立，而兄終弟及之嗣承制度，
　猶存有母系中心社會之遺跡。商代婦女地位雖已降落，然尚不
　如周代之低也，故武王伐紂之誓辭有言：「……今商王受，惟婦
　言是用……。」（〈牧誓〉）此乃斥商王提高婦女之地位。卦爻辭既
　多言「女」字，似爲殷商時之作，則卦辭作於文王，亦屬可信。

4.卦爻辭中所言之「君子」乃階級社會中一部份貴族之通稱；孔
　子所謂之「君子」乃專歸於有道者之稱呼。故卦爻辭非孔子所
　作，又一證也。

卦辭中言及「君子」者有三條：

「否之匪人，不利君子貞。」（〈否〉）
「利涉大川，利君子貞。」（〈同人〉）
「君子有終。」（〈謙〉）

爻辭中言及「君子」者有十六條，茲聊舉數條於下：

「勞謙君子，有終吉。」（〈謙•九三〉）

「君子得輿，小人剝廬。」（〈剝‧上九〉）

「君子吉，小人否。」（〈遯‧九四〉）

「小人用壯，君子用罔。」（〈大壯‧九三〉）

「君子維有解，吉，有孚于小人。」（〈解‧六五〉）

「君子豹變，小人革面。」（〈革‧上六〉）

從夏代起，即有君子階級之發生。君子原為民眾中之一部分，以職業為官吏，而擁有權勢，乃形成一居中之階級。周代社會分成三階級，「大人虎變，君子豹變，小人革面。」（易革九五，上六）此三階級，第一級為大人，即貴族，權勢最大，有如猛虎。第二級為君子，即官吏，為居中之階級，亦有權勢，然較貴族為小，有如豹。第三級為小人。即民眾，為勞苦階級，無有權勢。此三階級中大人為逸樂階級，小人為勤勞階級。治理社會之責任，乃在君子。故君子在當時為社會中之重要人物。爻辭中屢以君子與小人對稱，故知當時君子與小人之區別甚嚴。後來封建制度逐漸崩潰，君子小人之區別，亦漸由社會階級之區別，變為個人品格之區別。論語中所論君子小人，皆指德性品格而言也。如：

子曰：「君子周而不比，小人比而不周。」（〈為政〉）

子曰：「君子和而不同，小人同而不和。」（〈子路〉）

子曰：「君子泰而不驕，小人驕而不泰。」（〈子路〉）

子曰：「君子上達，小人下達。」（〈憲問〉）

子曰：「君子求諸己，小人求諸人。」（〈衛靈公〉）

子曰：「君子坦蕩蕩，小人長戚戚。」（〈述而〉）

然而《論語》中言及君子小人，亦有指其地位階級而言，此蓋偶而相混而已，其例不多。

子曰：「君子懷德，小人懷土。君子懷刑，小人懷惠。」

（里仁）

本章君子小人，乃指有位與在野而言。錢穆氏曰：「君子小人之分，其初不過為貴族平民之分也。古人教育道德等等，皆限於貴族階級，平民殆無教育道德之可言，故《論語》即以君子為有教育有道德者之稱，而時不免與階級之思想，貴族之色彩相混合。」（《論語要略》）

要之，由上述之論證三，知卦辭作於文王，似屬可信，由論證一，知爻辭作於周公，亦不無道理，則卦爻辭並是文王或周公所作之說不可遽信。由論證二及論證四，知卦爻辭並是孔子所作之說，尚欠周延。故卦辭作於文王；爻辭作於周公之說，較可採信。孔子雖與卦爻辭無關，然易傳之作，非孔子莫屬，蓋卦爻之辭，言約意深，必待孔子作十翼以贊易道，其精義至理，乃昭然大顯矣。

斯篇所論，僅在記述讀書之心得，證成師說，其中尚待進一步求證之處甚多，惟率爾操觚，無遑深究。至於旁徵博引，詳訂錯誤，則俟諸來日矣！

本文原載於 1988 年 9 月《周易研究論文集》第一輯，433-439 頁，北京師範大學出版社。又載《孔孟月刊》Vol.12，No.1

評劉文起教授「檢視阻礙儒學發展的一股逆流──論商鞅反人文之原因」

　　劉先生是我所欽佩的學者，在詳細閱讀了劉先生的大作後，使我對儒法二家精神不同之所在，有了更深一層的理解。

　　商鞅及其學派排斥儒家人文教化的原因，一般學者的論述，大多是從歷史的趨勢、社會的變革、新階級的興起等等來探討，而這篇論文是從商鞅的個性、歷史觀以及對人性的看法來立論的。

　　從歷史的趨勢及社會變革方面來看商鞅的主張，大多會認為商鞅是順應歷史的潮流，不得不這樣做，也就會站在同情商鞅的立場來說話；但是從人性方面來看，我們就不太會贊同他的主張。

　　劉先生認為：凡是一個人提出某一主張，多因為客觀環境之需要，乃經由主觀之認知思慮而提出。儒法二家同樣面對周文積弱不振的情勢，而提出的主張不同，這就是主觀認知思慮不同所造成的結果，於是劉先生就從商鞅主觀的認知來探討商鞅反儒、反智的原因，並加以批評。這種把討論的範圍提到比較高的層次，進而直探本源的方法，以及由此所得出的結論，是很有意義，很有價值的。

　　以下就劉先生這篇論文提出一些淺薄的建議和補充。

　　第一點，是有關論文題目的建議。今本〈商君書〉二十四篇之中，有的是商鞅自撰，有的是其他法家所著，這一點劉先生在文中也提到了。雖然〈商君書〉各篇文章的主要思想相當一致，但是也有少數矛盾的地方（例如修權篇的「重刑重賞」與去彊篇的「重刑輕賞」，其主張就有些不同），況且那幾篇是商鞅自撰的，至今還有不同的看法，因此，本篇題目的副標題，是否題為「論商鞅及其學派反人文之原因」，較為周延？

　　第二點，是有關商鞅及其學派對仁義的看法的補充。〈史記‧商君列傳〉記載商鞅見孝公，最先「說公以帝道，其志不開悟」，再「說之以王道，而未入」，復「說公以霸道，其意欲用之」，最後「以強國之術說君，君大悅之」；可見商鞅並不是不知道人文教化的重要，因此在〈商君書〉中偶而也提到如何才能做到仁義的問題。〈商君書‧靳令篇〉說：

> 聖人之治也，必得其心，故能用力。力生彊，彊生威，威生惠，惠生德，德生於力。聖君獨有之，故能述仁義於天下。

另外在〈畫策篇〉對於「義」則有所說明：

> 所謂義者：為人臣忠，為人子孝，少長有禮，男女有別，非其義也，餓不苟食，死不苟生；此乃有法之常。聖王者，不貴義而貴法，法必明，令必行，則已矣。

根據這兩段的文意來看，商鞅及其學派是將「法治」置於「仁義」之上，認為只要實行以賞罰為手段的法治，社會安定，人民就能做到義，而國君也能述仁義於天下。這種觀念在〈錯法篇〉中也有闡述：

> 是以明君之使其民也，使必盡力以規其功，功立而富貴隨之，無私德也，故教流行。如此，則臣忠君明，治著而兵強矣。

此段文字不外強調以賞罰為手段的法治之重要，只要能大公無私地實行法治，則「教流行」，於是「臣忠君明」。「臣忠」就是做到義，「君明」當然「能述仁義於天下」了。

　　法家這種理論是有矛盾的，有掛羊頭賣狗肉之嫌。在〈靳令篇〉中曾經提出十二種國害，必須剷除不用，其中一項就是「孝弟」，那麼如果人民真的做到「為人子孝」，豈不是會被歸入黑十二類中，永不得翻身，而怨恨終身？〈大戴記‧禮察篇〉說：「以禮義治之者積禮義，以刑罰治之者積刑罰，刑罰積而民怨倍，

禮義積而民和親。」所以法家這種以嚴厲的賞罰爲手段的法治，永遠只能做到「道之以政，齊之以刑，民免而無恥」的階段，而無法做到「道之以德，齊之以禮，有恥且格」的最高境界。

因爲劉先生在文中談到儒家禮治與法家法治之差異，實可深思。因此提出這一點淺見，來就教於劉先生及各位專家。以上所論若有不當之處，敬請多多指教。

本文原載於 1988 年 6 月《國際孔學會議論文集》430-431 頁。

集　後　羨　語

　　故友林炯陽教授離開我們，算來也快一年了。我們相識相交已經三十年，前十幾年同住一個城市，常常有來往；後十幾年我因工作舉家南遷，一北一南雖見面機會減少，但是常常用電話聯絡。那個年代還沒有「大哥大」行動電話，我清楚什麼時候打電話一定可以找到他，尤其在他擔任聲韻學會理事長期間，常常有事與我這個秘書長聯絡，總會選在晚上十一點以後最容易找到我，公事私事一聊往往就是子夜已過。

　　東吳大學畢業後炯陽兄在基隆教過幾年中學，然後考上臺灣師大國文研究所，那年我讀文化大學中文研究所，因為上課常在同一教室，逐漸熟稔以後經常往來，或許對他寫新詩搞文學的人會一頭栽入語言文字學研究頗感好奇與好感。後來我們又同受教於陳伯元教授門下撰寫論文，因此拉近我們的距離並且增加我們的共同話題。對於他平常不苟言笑的外表，或許疏遠了一些朋友，但是以我和他相交多年，深知是年輕時代養成「疾惡如仇」的反射，在他「面惡心善」的內心，有一顆對朋友忠誠、信守承諾的熾熱之心，若不是與他深交，可能難以發現。

　　炯陽兄長我六歲，我一直把他當作大哥看待，三十年來在為人處事上，遇到疑難，第一個就找他商量，他經常只做分析提供意見，不會提主意讓我去做，因此我們互動極佳，友情維繫持久不變。炯陽兄與我的碩士論文、博士論文，同樣都是伯元師指導，受學於伯元師他又比我早，因此我們都尊奉他為「大師兄」。大師兄不但照顧後輩，對伯元師更是禮敬有加，只要兩人在一起，不論是正式討論會或杯觥交錯的宴席，他一定執弟子謙恭之禮，不敢稍有懈怠疏忽。尤其難能可貴，他只小伯元師四歲而已，嚴師弟之分際，一點也不含糊，因此贏得學術界之讚譽。相較於現

今社會倫常疏離，有幾人能及。

在學問上，炯陽兄相當執著，不輕易發表不成熟的看法。用力最勤的是漢語中古音系研究，民國六十五年奉林景伊先師之命完成「《切韻》系韻書反切異文譜」（附於黎明文化事業公司出版《廣韻》之後），乃利用二十餘種敦煌《切韻》殘卷及其他相關韻書，整理羅列爬梳註解，並親筆謄寫共計 183 頁之多。這是他在獲得博士學位之前的力作，試想當年有幾人能下此功夫專研於此？有此功力的準備，其後撰寫敦煌《切韻》系列研究專著，或者《韻鏡》相關問題的探研，都能游刃有餘，篇篇有見解。這些論述正是本論文集主要的部份。相對於如今以量取勝的學術風氣，炯陽兄有他自己的風格，不與世俗同步進退，數十年如一日實在難能可貴。

炯陽兄晚年的學術重心，轉向對自己母語臺灣閩南語研究不遺餘力。民國八十七年一月七日，在任教母校東吳大學中文系做「閩南語方言詞本字舉例」專題演講；又在同年三月二十八日受邀在彰化師大「第十六屆全國聲韻學學術研討會」上做會前專題演講，講「閩南語本字考訂的聲韻條件」。其後也陸續考訂彙整有關閩南語「本字」的問題，主要在糾正一般人隨意造字的弊端。以炯陽兄對音韻、訓詁及古籍的深入研究，最有資格作此考證與探索。可惜天妒英才，終究無法完成他的心願。

最後值得一提，是炯陽兄照顧學生的熱心與專注。炯陽兄生前有許多優秀的學生，也有幾位在學術上越走越穩健的弟子，都是他平日調教關心的成果。因為我遠居高雄，與他的學生輩不熟，唯一的例外是前年五月，中山大學中文系受何大安兄擔任中華民國聲韻學會理事長之託，辦理一場鄭錦全教授有關電腦科技與語言研究的演講會，當天炯陽兄風塵僕僕從台北搭機來聽講，讓我們感動不已，他當時帶一位還在唸東吳大學四年級的學生顏靜

馨小姐同來，顏小姐當時已甄試及格準備進入中正大學中文研究所。演講進行間，我聽到炯陽兄幫她解釋某些內容的問題，這是我看到了不起的學術指導，最直接也最有效。同年七月，他在電話中問我有關中山大學的情形，原來他在為另外一位學生李昱穎小姐同時考上好幾所學校研究所做分析比較。這樣關心學生的老師現在越來越少了，但是我親眼看到炯陽兄如此的為自己學生的學習付出心力，就像在為他的兒女綢繆安排一般，這個精神很像當年伯元師為我們的付出一樣，我在炯陽兄的身上看到了。

　　炯陽兄往生後不久，前面提到的兩位高足顏小姐與李小姐，有一次與我談到想為老師做點事，我就鼓勵他們整理炯陽兄舊稿，他們也聯袂南下與我討論編輯體例，然後兩人分頭輸入稿件，查核原稿出處，閱讀校對，辛勞工作總算把老師的論文集編輯完成。李小姐也將出版一事告知伯元師，伯元師不但欣然同意為本論文集撰序，同時也幫忙聯絡出版社，讓本集得以順利誕生。炯陽兄地下有知，必定感恩伯元師費盡心力照顧弟子，也會樂見顏、李二生為老師付出心血，以回報老師知遇之恩。

　　論文集完成，我也如釋重負，在炯陽兄週年忌那一刻，我想捻香跟他默禱：「炯陽兄，我真為你感到欣慰，伯元師以及你的學生和同門們，共同為你完成了一件事，對現實的社會來說，其中的意義極為特殊，我為你感到驕傲，也為你感到光榮，相信這是你所樂見的。」

　　　　　　林慶勳　民國八十九年元宵節　補白於高雄